ƐK

# FRANCO PACE

# *KLASSISCHE YACHTEN*

DELIUS KLASING VERLAG

*Die Deutsche Bibliothek - CIP-Einheitsaufnahme*
*Pace, Franco:*
*Klassische Yachten / Franco Pace. [Dt. Übers.: Svante Domizlaff].*
*Bielefeld: Delius Klasing, 1994*
*Einheitssacht.: Vele d'epoca <dt.>*
*ISBN 3-7688-0859-9*
*NE: HST*

*ISBN 3-7688-0859-9*
*(c) 1993 by Arnoldo Mondadori Editore S.p.a., Mailand*
*Die Rechte für die deutsche Ausgabe*
*liegen beim Verlag Delius, Klasing & Co., Bielefeld*
*Deutsche Übersetzung: Svante Domizlaff*
*Schutzumschlaggestaltung:*
*Buchholz/Hinsch/Hensinger, Hamburg*
*Printed in Italy 1994*

*Alle Rechte vorbehalten! Ohne ausdrückliche Erlaubnis des Verlages*
*darf das Werk, auch nicht Teile daraus, weder reproduziert,*
*übertragen noch kopiert werden, wie z. B. manuell oder mit Hilfe*
*elektronischer und mechanischer Systeme*
*inklusive Fotokopieren, Bandaufzeichnung und Datenspeicherung*

# INHALT

*BOOTSBAU UND RESTAURATION 9*

*TIRRENIA II 48*

*LELANTINA 56*

*PURITAN 64*

*EMILIA 72*

*ENDEAVOUR 80*

*KARENITA 88*

*CANDIDA 96*

*MOONBEAM 104*

*VELSHEDA 112*

*ALZAVOLA 120*

*ALTAIR 128*

*ORION 136*

*NIÑA LUISITA 144*

*CINTRA 152*

*YACHTREGISTER 160*

# VORWORT

*Nur zwei der klassischen alten Yachten, die Sie auf den folgenden Seiten bewundern können, sind an Jahren älter als ich. Die meisten wurden gebaut, als ich gerade begann, mir einen Namen als See-Fotograf zu machen. Fast den ganzen Sommer des Jahres 1934, jenem Jahr, in dem die ENDEAVOUR nur knapp im America's Cup unterlag, verbrachte ich auf meiner kleinen Barkasse FOTO, um die Boote der J-Klasse vor Newport, Rhode Island, zu fotografieren. Im Herbst kam FOTO zurück nach City Island, New York, einem Hafen, in dem die Yachtwerften angefüllt waren vom Kreischen der Sägen und dem Klang der Niethämmer, wo bei Flut der Duft von geschnittenem Eichenholz in der Luft hing und es bei Ebbe nach Mutt und Muscheln roch.*

*Die Flotte der dreißiger Jahre bestand aus einer Mischung von gigantischen Booten und großen Schonern, den Flotten von Einheitsklassen, wie den 40ern, den 50ern, der 80 Fuß-M-Klasse sowie den alles dominierenden 100-Fuß-Yachten. Uns schien, all diese Schiffe wären schon immer dagewesen und würden für immer segeln. Aber die Zeichen eines großen Wandels standen schon an der Wand.*

*1931 gewann die DORADE unter ihrem Skipper Olin Stephens jr. das Transatlantik-Rennen. DORADES Yawl-Takelung entstand bereits unter dem Einfluß der International Rule und war ein scharfer Kontrast zu den üblichen Schoner-Riggs, die sie bald verdrängen sollte. 1934 zeichnete und baute Bill Crosby die erste Snipe-Jolle. Heute gibt es tausende davon, doch damals sorgten sie wegen ihres günstigen Preises für einen enormen Aufschwung des Regattasegelsports auf der ganzen Welt.*

*1930 arbeiteten wir noch mit großformatigen Kameras, meistens auf 5 x 7 und 4 x 5-Inch-Platten. Sportfotografen verwendeten im allgemeinen die Graphlex-Kamera. Wir jedoch zogen die Graphic-Kamera vor, denn sie erlaubte uns aufrecht zu stehen und Wind, Wellen und Schiffe vor unseren Augen besser zu verfolgen. Es kam uns von Anfang an eher darauf an, den Charakter eines Bootes hervorzuheben, als es einfach abzulichten. Wir wollten zeigen, wie es im Wasser liegt, wie es die Wellen zerschneidet, die See pflügt, wie es gleitet oder die Wellen reitet. Es gibt immer wieder Augenblicke, in denen eine Yacht ihren wahren Charakter verrät – und exakt diesen Augenblick festzuhalten, darauf kam es uns an.*

*Der größte Fortschritt zu Anfang der dreißiger Jahre war die Einführung des Farbfilms und der Wechsel zur 35-mm-Kamera mit auswechselbarem Objektiv. Kodachrome eröffnete dem Fotografen die Welt der Farbe, doch die Entwicklung war kompliziert. Dadurch beschränkte sich die Arbeit für viele Fotografen auf den Umgang mit der Kamera, und die Kunst des Entwickelns und des Abziehens der Aufnahmen ging verloren.*

*Die wirkliche Kreativität setzt jedoch erst bei der stundenlangen Arbeit in der Dunkelkammer ein, wo die Bilder Gestalt annehmen, einer Arbeit, ohne die unser Beruf nicht vollständig ist. Dennoch, die 35-mm-Kamera mit ihren unterschiedlichen Objektiven erschloß den Fotografen eine ganze neue, dramatische Dimension. Wir konnten uns nun mit einer kleinen Kamera mit Weitwinkelobjektiv ins Getümmel werfen oder aus einiger Entfernung dem Geschehen mit einem mächtigen Teleobjektiv folgen.*

*Ich habe an Bord einmal neben Franco Pace gestanden. Mit den Beinen federte ich die Bewegungen des kleinen Bootes ab, und da bemerkte ich, mit welcher Leichtigkeit und Grazie Franco die Kamera mit dem schweren Teleobjektiv handhabte und wie sicher er nach einem Motiv in der Ferne suchte. Während andere Fotografen mit ihrer Körpersprache Ehrgeiz, Aufregung, Ärger ausdrücken, strahlt Franco Konzentration und innere Ruhe aus. Im Mittelpunkt seiner Arbeit steht das Ziel, die Oberfläche zu durchbrechen und seine eigene Vision zu finden. Gischt fliegt, Wellen schäumen, Segel blähen sich oder stehen steif im Wind und kreuzen einander wie Schwerter vor dem Horizont. Aus den Bildern sprechen Freude, Müdigkeit, Angst und Triumph. Der Segler, wie Franco ihn sieht, ist nicht real und doch erkennen wir Segler uns in ihm wieder.*

*Das ist der Grund, warum mir Francos Buch so viel Freude bereitet. Gleichwohl scheint es mir manchmal merkwürdig, daß jemand, der sich so intensiv mit modernster Kameratechnik auseinandersetzt wie Franco, einen Blick für Yachten der Vergangenheit behalten hat. Es ist wohl so: Franco überbrückt die Zeiten. Er will nicht zurückkehren in jene nicht gar so lang zurückliegende Ära, als Menschen diese Schiffe schufen, aus edlem Material, in bester Tradition, voller Selbstgewißheit – beseelt von Tugenden, die uns heute scheinen, als stammten sie aus einer fernen Welt, aus einem anderen Zeitalter. Vielmehr fasziniert Franco dieses Zeitalter, weil er den wahren Wert erkannt hat, der unter dem Holz, in der Kunst des Handwerks und hinter der Geradlinigkeit dieser klassischen Yachten verborgen liegt.*

*Stanley Rosenfeld*

# EINFÜHRUNG

*Bei meinem Freund Stanley Rosenfeld möchte ich mich für das Vorwort zu diesem Buch bedanken. An diesen bleibenden Dank wird er sich jedesmal dann erinnern, wenn er das Buch zur Hand nimmt. Beim Lesen seiner Worte wandern meine Gedanken zurück zur Arbeit an diesem Buch, zurück in die „Sacchetta", das historische Hafenviertel von Triest, wo ich aufgewachsen bin. Damals besaß ich ein Boot mit dem Namen* ALTAIR, *das ich gemeinsam mit einem Freund erstanden hatte, zu einem Preis, der für einen Studenten gerade noch akzeptabel war. Bei dieser* ALTAIR *handelte es sich leider nicht um den berühmten, von William Fife gezeichneten Schoner gleichen Namens, sondern um eine relativ kleine, aus Holz gebaute 5,5-Meter-Yacht, ziemlich flachbordig und breit, mit geradem Steven, Schwert und einem sehr hohen Mast. Wochenlang habe ich, bedeckt von Staub, die alte Farbe abgekratzt. Ich weiß noch genau, wie glücklich ich war, als das Boot endlich fertig in seinem frischen Lack glänzte.*

*Ich erinnere mich auch, wie schnell* ALTAIR *segelte, als wir in jenem Sommer vor dem Hafen herumkreuzten. 1971 heuerte ich als Crewmitglied unter Skipper Gianmarco Borea auf der* VISTONA *an, einem Schiff, das ein Schüler des berühmten William Fife 1937 konstruierte. Der Törn führte entlang der Küste Dalmatiens. Damals hatte ich gerade mit dem Fotografieren begonnen. Natürlich freute ich mich auch über die Chance, neue Segelerfahrungen zu sammeln. Es paßte alles zusammen, und ich war voller Begeisterung.*

*Etwas später bekam ich die Gelegenheit, die Restaurierung des 30-Meter-Schoners* VAGRANT *zu beobachten, einem Schwesterschiff der* MARIETTE *und ebenso wie dieses von Nathaniel G. Herreshoff gezeichnet. Viele Wochenenden verbrachte ich im Trockendock von Kraljevica, an der Küste von Istrien, und dokumentierte in Schwarz-Weiß-Aufnahmen den Fortgang der Restaurierungsarbeit. Ich war voller Hoffnung, daß sich eines Tages ein Verleger für meine Arbeit über die Geschichte dieses wunderbaren Schiffes interessieren würde. Doch die Arbeiten an dem Schiff kamen nur sehr langsam voran, und ich begann mich schließlich für andere Dinge zu interessieren – zum Beispiel für das Regattasegeln. Von nun an war ich viel auf Reisen, rund um die Welt.*

*Ich fotografierte einfach alles, jede Art Segelboot, von der kleinsten Jolle bis hin zu den High-Tech-Yachten des America's Cup. Aber wo immer ich auch war, stets fielen mir die Linien klassischer Yachten, der glänzende Lack und das blitzende Messing besonders ins Auge. Dafür unterbrach ich meine Arbeit gerne und machte viele Aufnahmen.*

*Anfang der achtziger Jahre begannen die ersten Yachtclubs mit der Ausrichtung von Oldtimer-Treffen. Hier lagen dann all die Boote, die ich gesucht hatte, in einem Hafen beieinander. Der Stolz der Eigner drückte sich in dem hervorragenden Pflegezustand der Yachten aus. Trotzdem wurde hart gesegelt und in den Regatten um jeden Platz gekämpft.*

*Mit den besten Bildern der Saison veröffentlichte ich auf eigene Rechnung einen Kalender und zwar ausschließlich mit Aufnahmen klassischer Yachten. Leider hat ein Kalender nur zwölf Seiten, und deshalb suchte ich nach einem Weg, mehr Fotos zu veröffentlichen. Damit war der Anstoß zu einem Buch gegeben, in dem sich die vollständige Restauration einer Yacht nachvollziehen läßt. Ich reiste zu den besten Werften der Welt, überall dorthin, wo die Tradition des Holzbootsbaus lebendig gehalten wird.*

*Es war oft gar nicht so einfach, die Werften und die Menschen zu finden, denn in den siebziger und achtziger Jahren wurden fast nur noch Kunststoffschiffe gebaut. In Holz zu bauen, war aus der Mode gekommen und auch viel zu teuer geworden. Aber es gab sie noch, die Schöpfer dieser schwimmenden Kunstwerke. Einige arbeiteten in winzigen Werften, andere waren von großen Schiffbaubetrieben übernommen worden. In welches Land ich auch kam, das Wesen der Holzbootsbauer glich sich: die Art und Weise, das Werkzeug zu benutzen und die Kunst, eine Lösung für alle Probleme dieser Art zu finden. Man spricht die gleiche Sprache, man weiß um die Tradition dieses uralten Berufsstandes. Nachdem ich mit den Leuten gesprochen hatte, wuchs mein Interesse daran, die Zusammenhänge zu erkennen. Alle, die an diesen schönen Schiffen arbeiten, tauschen ihr Wissen untereinander aus, auch mit den Segelmachern und den Mastenbauern. Deshalb schien es mir wichtig, zur Vervollständigung Aufnahmen von der Entstehung der Segel und Riggs in das Buch mit aufzunehmen.*

*Allen, die diese Arbeit so meisterhaft weiterführen und mir bei diesem Buch halfen, gilt mein Dank. Entschuldigen möchte ich mich bei denen, die zu besuchen mir schließlich die Zeit fehlte. In meine Bewunderung schließe ich sie ein. Mein Werk ist ihnen allen gewidmet.*

*Franco Pace*

# BOOTSBAU UND RESTAURATION

BOOTSBAU UND RESTAURATION

*Die Nachfrage nach Holz ist gestiegen, kann aber heute, dank modernen Anbaus und der Weiterentwicklung von Düngemitteln, die die Zeit für das Wachstum der Bäume erheblich verkürzen, gedeckt werden. Allerdings geht diese Entwicklung zu Lasten der Widerstandsfähigkeit des Holzes, besonders gegen Feuchtigkeit.*
*Links sehen wir einen Stapel von Holzplanken für die Verlegung von Decks auf der Werft von Abeking & Rasmussen/Lemwerder bei Bremen. Damit die Luft besser zirkulieren kann, sind die einzelnen Planken mit kleinen Holzkeilen getrennt. Die Eichenbalken auf dem Bild unten sind bereits grob zugeschnitten und werden, dank ihrer besonderen „gewachsenen" Form, beim Bau des Stevens oder Hecks verwendet, besonders bei Arbeitsbooten.*

*Die Geometrie der Holzmaserungen läßt sich am Querschnitt dieser Balken aus Pine gut erkennen (S.10). Sie liegen gestapelt im Mystic Seaport Museum, Connecticut, dem wohl berühmtesten Seefahrtsmuseum der USA. Auf dem weiten Museumsgelände können alljährlich die vielen tausend Besucher alle Aspekte des traditionellen Schiffbaus kennenlernen. Besonders an der Ostküste der USA besteht dafür ein großes Interesse.*

*Die zum Museum gehörende Werft ist äußerst geschäftig und ihr Können bei der Restaurierung alter Schiffe sehr gefragt. Die fertig restaurierten Boote kann man im Hafen des Museums bewundern.*
*Zu Planken geschnitten, ist das gelbe Pine-Holz Grundstoff für den Bootsbau. Es fand wegen seines geringen Gewichts zumeist beim Verlegen der Decks für Regattayachten Verwendung (rechts).*

# BOOTSBAU UND RESTAURATION

*Auf der vorhergehenden Doppelseite und auf dem Bild links sehen wir Lehrlinge der Schule „Atelier de l'Enfer" in Douarnenez in der Bretagne. Das kleine Bild links zeigt einen Zimmermann beim Zuschneiden von Pine im Mystic-Museum. In der Werkstatt der „Falmouth Marine School" in Cornwall, auf dem Foto darunter, ist eine Auswahl des beim Holzbootsbau benötigten Werkzeugs zu sehen. Das Foto rechts unten zeigt die Arbeit mit einem Spezialhobel, mit dem die Bogenwrangen gerundet werden. Heute gibt es dafür verstellbare Hobel. In der Vergangenheit mußte für jedes Schiff und seine Form ein besonderer Hobel angefertigt werden.*
*In der Bretagne und in Südengland ebenso wie an der amerikanischen Ostküste existiert bis heute eine ungebrochene Bootsbau-Tradition. Dort gibt es mehrere Schulen, in denen der Umgang mit Holz gelehrt wird.*

*Es werden Kurse angeboten, die von einigen Monaten bis zu drei Jahren dauern, je nachdem, welche Fertigkeiten man auf welchem Gebiet erlernen will. Das ist eine gute Grundlage beispielsweise für Bootsdesign, Bootsbau und Restaurierungsarbeiten von Booten und Möbeln. Gelehrt wird natürlich auch die Behandlung des Holzes mit unterschiedlichen Leimen und Lacken.*

# BOOTSBAU UND RESTAURATION

*Auf dieser Seite sehen wir verschiedene Aspekte des Bootsbaus. Die kleineren Bilder entstanden im „Atelier de l'Enfer", das große Foto in der Mitte zeigt einen Lehrer mit zwei Lehrlingen der „Falmouth Marine School". Die Arbeit mit diesem natürlichen Material ist gleichzeitig eine Auseinandersetzung mit der kulturellen und sozialen Entwicklung der Schiffahrt einer Nation, oder besser, aller Nationen, die eine Beziehung zur See haben.*
*In den USA ist es besonders der Bundesstaat Maine, in dem diese Tradition gepflegt wird. In der Schule „Rockport Apprenticeshop" werden die von den Lehrlingen gebauten Boote nach der Fertigstellung verkauft. In den zwei Jahren der Ausbildung, die für den Studenten kostenfrei ist, erhält er im Austausch für seine Arbeit eine hervorragende Ausbildung.*

# BOOTSBAU UND RESTAURATION

*Das Interesse an klassischen und traditionellen Booten ist in den letzten Jahren in vielen Ländern erheblich gestiegen. Das ist nicht nur eine Frage der Mode, sondern es zeigt, daß die Menschen Verständnis und Liebe für die Werte einer vergangenen Zeit zeigen. Deshalb verwundert es kaum, daß in Douarnenez unlängst ein Museum gegründet wurde, ähnlich wie in Mystic/USA als Museum mit Hafen. In den Museumshallen sind eine Reihe von traditionellen Booten aus den verschiedensten Ländern ausgestellt. Solche Traditionsschiffe findet man auch mehr oder weniger segelklar im Hafenbecken. Am Hafen liegen außerdem ein paar kleine Bootsbauwerkstätten und Segelmachereien, wo die Besucher den Handwerkern bei der Arbeit zusehen können. Die Gründung des Museums hat in der Zwischenzeit noch andere Handwerksbetriebe aus der Schiffahrt nach Douarnenez gezogen.*

*Hier wurde schließlich das Projekt „Ein Dreimastsegler für Frankreich" geboren und mit dem Bau eines 53 Meter langen Klippers begonnen. Dabei handelt es sich um die Nachbildung eines der 600-Tonnen-Schnellsegler aus der zweiten Hälfte des 19. Jahrhunderts, von denen es insgesamt fünf gab, die einst unter französischer Flagge segelten. Voraussetzung für diesen historischen Bau ist eine intensive Beschäftigung mit der Schiffbaukunst des vergangenen Jahrhunderts und den Techniken, die dabei Anwendung fanden. Die Presse berichtete ausführlich von den Aktivitäten des Museums, so daß es schließlich gelang, eine Reihe von Sponsoren aus der Wirtschaft für das Projekt zu finden.*

# BOOTSBAU UND RESTAURATION

*Nach der „Grundausbildung" haben die Lehrlinge der Bootsbauschule die Möglichkeit, sich auf die Herstellung von entweder Frachtseglern, Fischerbooten oder Segelyachten zu spezialisieren. In der Bretagne haben die Fischerboote und Frachtsegler eine besondere Tradition, und auf der britischen Insel pflegen die Werften den Bau von besonders schönen Fahrten- und Regattayachten.*

*Das kleine Foto auf dieser Seite zeigt eine sehr alte Werkstatt in Douarnenez. Hier finden die Bootsbauer das entsprechende traditionelle Handwerkszeug. Weitere Aufnahmen auf diesen beiden Seiten zeigen die Restaurierung der Barkasse R<small>ESOLUTE</small> in der Werft von Mystic. Und das Bild rechts außen wurde in Douarnenez aufgenommen: Hier sehen wir den Rumpf eines Fischerbootes.*

BOOTSBAU UND RESTAURATION

*Der aus Holz geschnittene goldene Adler auf der folgenden Doppelseite schmückt das Heck der CHARLES W. MORGAN, eines alten schonergetakelten Walfängers, der in Mystic ausgestellt ist. Bei den Führungen an Bord werden den Besuchern das Alltagsleben der Walfänger und die Techniken erklärt, mit denen die Wale gejagt wurden. Ja, man kann sogar die alten Shanties hören.*

*Unter den vielen verschiedenen Arten der Holzbearbeitung nimmt die Schnitzerei eine besondere Stellung ein. Im Museumsdorf von Mystic läßt sich das Entstehen von Galions- und anderen Figuren beobachten.*

BOOTSBAU UND RESTAURATION 22

# BOOTSBAU UND RESTAURATION

*Das erste Lebensjahr der ADELA begann sogleich mit einer Teilnahme am Kaiser-Cup, einer Regatta von Dover nach Helgoland. Danach startete sie bei der Kieler Woche und schließlich bei der Cowes Week in England. Im Ersten Weltkrieg wurde sie als Wachboot vor der südenglischen Küste eingesetzt. Den neuen Namen HEARTSEASE erhielt das Schiff erst in den zwanziger Jahren.*

*1930 verlegte der Eigner die Yacht ins Mittelmeer, wo man sie oft in Häfen wie Genua und Neapel sah. Zu den Besuchern an Bord gehörten so berühmte Männer wie Fürst Bismarck und Lawrence von Arabien. Nach dem Zweiten Weltkrieg verfiel das Schiff, es wurde abgeriggt und aus dem Kiel 20 Tonnen Blei entnommen und verscherbelt.*

*Im südenglischen Hafen Falmouth, mitten unter den modernen Handelsschiffen, steht der wunderbare Rumpf dieser klassischen Yacht. Wer näher hinschaut, wird allerdings entdecken, daß Rumpf und Deck in einem desolaten Zustand und teilweise völlig zerstört sind. Es ist stets faszinierend, aus alten Plänen und Zeitschriften den ursprünglichen Zustand solcher Schiffe zu rekonstruieren. Hier handelt es sich um den 45 Meter langen Schoner HEARTSEASE, gebaut 1902 von der Werft J.G. Fay & Co Ltd in Northam/Southampton. Diese Werft wurde 1913 von Camper & Nicholson übernommen. Der ursprüngliche Name der Yacht lautete ADELA. Sie hatte noch ein Schwesterschiff mit Namen EVELYN.*

*Ein Teil der eleganten, in Mahagoni gebauten Kammern der HEARTSEASE blieb erhalten. Durch die offene Tür erkennt man allerdings, wie es an anderer Stelle aussieht: Hier ist vom Ausbau nichts mehr zu sehen, die hölzerne Beplankung über den Eisenspanten verrottet.*
*Das Bild oben links zeigt Schubladen für Seekarten, die sich durch einen Federmechanismus automatisch aufrollen lassen. Das Patent funktioniert noch heute perfekt wie am ersten Tag. Das Deck dagegen ist in sehr schlechtem Zustand, so schlecht, daß sich eine Reparatur kaum mehr lohnt. Es gäbe allerdings die Möglichkeit, den schönen Rumpf in Stahl nachzubauen und nur die gesunden Holzteile beim Ausbau zu übernehmen.*

*Der HEARTSEASE ist eine bessere Zukunft zu wünschen. Tatsächlich gibt es Überlegungen, die Yacht bei Pendennis zu restaurieren, einer Werft, die auf diesem Gebiet einen ausgezeichneten Ruf besitzt, obwohl es erst vor wenigen Jahren durch die Fusion zweier Unternehmen zur Gründung kam – genauer gesagt 1978.*

*Die britische America's Cup Challenge-Organisation und Western Yachts, eine bereits bestehende Werft, waren die Initiatoren.*

*Auf der Pendennis-Werft wurde, neben einer Reihe kleinerer Yachten, der berühmte 53 Meter lange Schoner ADIX, ehemals JESSICA, restauriert. Die Werft verfügt über eine Halle, die Platz genug für Yachten dieser Größe bietet.*

*1993 begann man dort mit der Restaurierung der 38 Meter langen, 1925 bei Camper & Nicholson gebauten, SYLVIA. Auf dieser Seite sind die Arbeiten an der SYLVIA zu sehen. Das kleine Bild links zeigt die Verkleidung des Maschinenraumes. Nur 20 Prozent der ursprünglichen Holzausbauten unter Deck – gefertigt in Honduras-Mahagoni – sind noch brauchbar, vornehmlich Rahmen und Türen.*

*Bei der Restaurierung wird wieder Mahagoni verwendet, darüber hinaus Sperrholz, weiß lackiert. Mindestens ein Jahr Bauzeit ist für die Wiederherstellung des Schiffes geplant. Die beiden Techniker auf dem Bild unten links kontrollieren den Auspuff der Maschine. Das Bild vermittelt einen Eindruck von der gewaltigen Dimension des Rumpfes.*

# BOOTSBAU UND RESTAURATION

*Das große Bild rechts zeigt die Arbeit an einem Heck, das in Eichenholz erneuert wird. Die weißen Punkte auf dem Rumpf zeigen, an welchen Stellen die Planken mit den Spanten verschraubt sind. Die alten Schrauben werden durch Kupferschrauben ersetzt und mit Mahagoni-Pfropfen verstöpselt. Nach dem Schleifen und Lackieren des Rumpfes werden sie kaum noch zu erkennen sein.*

*Die Werft Abeking & Rasmussen ist die vielleicht größte und bedeutendste Werft auf diesem Gebiet in Nordeuropa. Ihr Können im Holzbootsbau ist das Ergebnis einer großen und langen Tradition. Viele der Yachten, die wir heute als klassische Yachten bezeichnen, stammen aus dieser Werft, und bis heute entstehen dort große Yachten aus Holz.*

*Gleich nebenan liegt die ebenso bekannte Lürssen-Werft. Hier wurde vor einigen Jahren der 80-Meter-Dreimastschoner CREOLE restauriert, ein Schiff, das 1927 bei Camper & Nicholson in England entstand.*

*Ein Teil des Ruders und der Schraube der SYLVIA sind auf dem oberen Bild zu erkennen. Um den Zustand des Holzrumpfes prüfen zu können, mußte die Farbe vollständig entfernt werden. Verrostete Spanten, Schrauben und Beschläge werden ersetzt. Die Rumpfbeplankung besteht aus 63,5 Millimeter starkem Teakholz, das Deck hat eine Stärke von 37 Millimetern. Darunter befindet sich eine Lage von 19 Millimeter starkem Sperrholz.*

*Bei der Aufnahme rechts kann man die Restaurierungsarbeiten am Rumpf einer 8-Meter-Rennyacht im Detail erkennen. Diesen Achter baute wahrscheinlich 1912 die Bremer Werft Abeking & Rasmussen. Der Rumpf wurde in Dänemark entdeckt. Bislang konnte noch nicht rekonstruiert werden, welchen Namen das Schiff ursprünglich trug und woher es stammt.*

*Wir befinden uns hier auf der Werft Josef Martin in Radolfzell am Bodensee, einem Betrieb, der besonders für seine Mahagoni-Arbeiten einen guten Ruf genießt. Das Deck ist ursprünglich in massivem Teak gebaut. Bei der Wiederherstellung verlegte man ein Teak-Stabdeck auf Sperrholz.*

BOOTSBAU UND RESTAURATION

*Die vorhergehende Doppelseite zeigt den neuen Mast der LULWORTH, der die gesamte Länge der Werfthalle von Spencer in Cowes auf der Isle of Wight beansprucht. Mast und Toppmast werden zusammen eine Höhe von 50 Metern haben. Damit wird auf der LULWORTH einer der höchsten Yachtmasten überhaupt stehen. Die Mastringe bestehen aus Eschenholz. Früher wurde dieses Holz grün geschlagen, um es besser biegen zu können. Heute wird das Eschenholz in Rahmen gespannt und mit Dampf geformt, wie auf dem rechten Bild oben zu sehen.*
*Auf dem Foto links daneben zeigt Harry Spencer einen der mächtigen Blocks der LULWORTH. Auch die Rumpfarbeiten an dem aufgepallten Schiff werden von Harry Spencer gemacht.*

*Der Mast der LULWORTH ist aus Columbia Pine geleimt, allererste Qualität, ohne Astlöcher oder unsaubere Stellen. Es wurde ein besonders fester Leim gewählt, der rot gefärbt ist. Daher sind die Nähte zwischen den geleimten Hölzern deutlich erkennbar.*

*Für einen Mast dieser Größe ist vor allem die Festigkeit entscheidend. Zwar gibt es auch klare Leime, doch wenn die schützende Lackschicht auf dem Holz nach einiger Zeit nicht mehr vollständig ist, beginnt der klare Lack zu oxydieren und verliert seine Festigkeit.*

*Der Toppmast besteht aus einem Stamm Rotföhre, die Blöcke wiederum aus Esche. Sie werden mindestens siebenmal lackiert.*

*Die Achse der Blöcke besteht aus Iwox, als Material für die darauf gelagerten Scheiben verwendet man entweder Delryn, ein weißes Plastikmaterial, oder Bronze, was zwar eher der Tradition entspricht, aber leider auch erheblich schwerer ist.*

*Der Rumpf der LULWORTH (Seite 30, Mitte) befindet sich in ziemlich schlechtem Zustand. Später wurde das Schiff auf die Werft Beconcini in La Spezia verlegt, wo die hauptsächlichen Restaurationsarbeiten begannen. Auf dem kleinen Bild unten sieht man das Deck der AVEL, 1896 bei Camper & Nicholson gebaut. Sie lag lange Zeit verlassen an Land, vermutlich mehr als 50 Jahre, bevor man sie wiederentdeckte. Schon in früheren Jahren war sie an Deck mehrfach umgebaut worden, doch unter Deck hatte sich kaum etwas verändert. Die Einbauten waren sogar in gutem Zustand. Bei Harry Spencer wurde sie wieder in den ursprünglichen Zustand versetzt. Rumpf und Deck bestehen aus Teak.*

*Auf der folgenden Doppelseite sieht man einen jungen Mitarbeiter von Harry Spencer, der mit einem elektrischen Hobel an einer Spiere arbeitet.*

# BOOTSBAU UND RESTAURATION

Eine Gruppe von Bootsbauern der Werft Southampton Yacht Services arbeitet am Deck der SEVEN SEAS, einer 12-Meter-Rennyacht, gezeichnet von Clinton Crane und 1936 bei Henry B. Nevins gebaut.
Das Deck wird komplett neu verlegt. Die Teakplanken haben eine Stärke von 12 Millimeter. Sie werden mit einem Epoxy-Harz auf 18 Millimeter Sperrholz verleimt. Cockpit und Deckshaus entstehen ebenfalls in Teak, dem klassischen Vorbild entsprechend. Um den Rumpf leichter zu machen, entfernte man einen Teil des Bleiballasts im Kiel.
Die Werft Southampton Yacht Services hat schon so bedeutende Yachten wie TICONDEROGA, ALTAIR und BELLE AVENTURE wiederhergestellt.

BOOTSBAU UND RESTAURATION

Inzwischen ist bei Southampton Yacht Services mit einem neuen gewaltigen Projekt begonnen worden. Auf dem Bild oben ist deutlich der Beginn der Arbeiten an der Yacht THENDARA zu erkennen. Das Teakdeck wird in Stücke zersägt und vollständig entfernt, die 37 Meter lange Ketsch anschließend komplett neu aufgebaut.
THENDARA, gebaut in Glasgow von Alexander Stephens & Sons, stammt aus dem Jahre 1937 und war eine erfolgreiche Regattayacht im Solent vor Cowes. Später segelte sie oft in nordeuropäischen Gewässern. Nach dem Krieg war ihre Liegeplatz im Mittelmeer. In alter Schönheit wird sie hoffentlich bald wieder die Gewässer des Solent kreuzen.

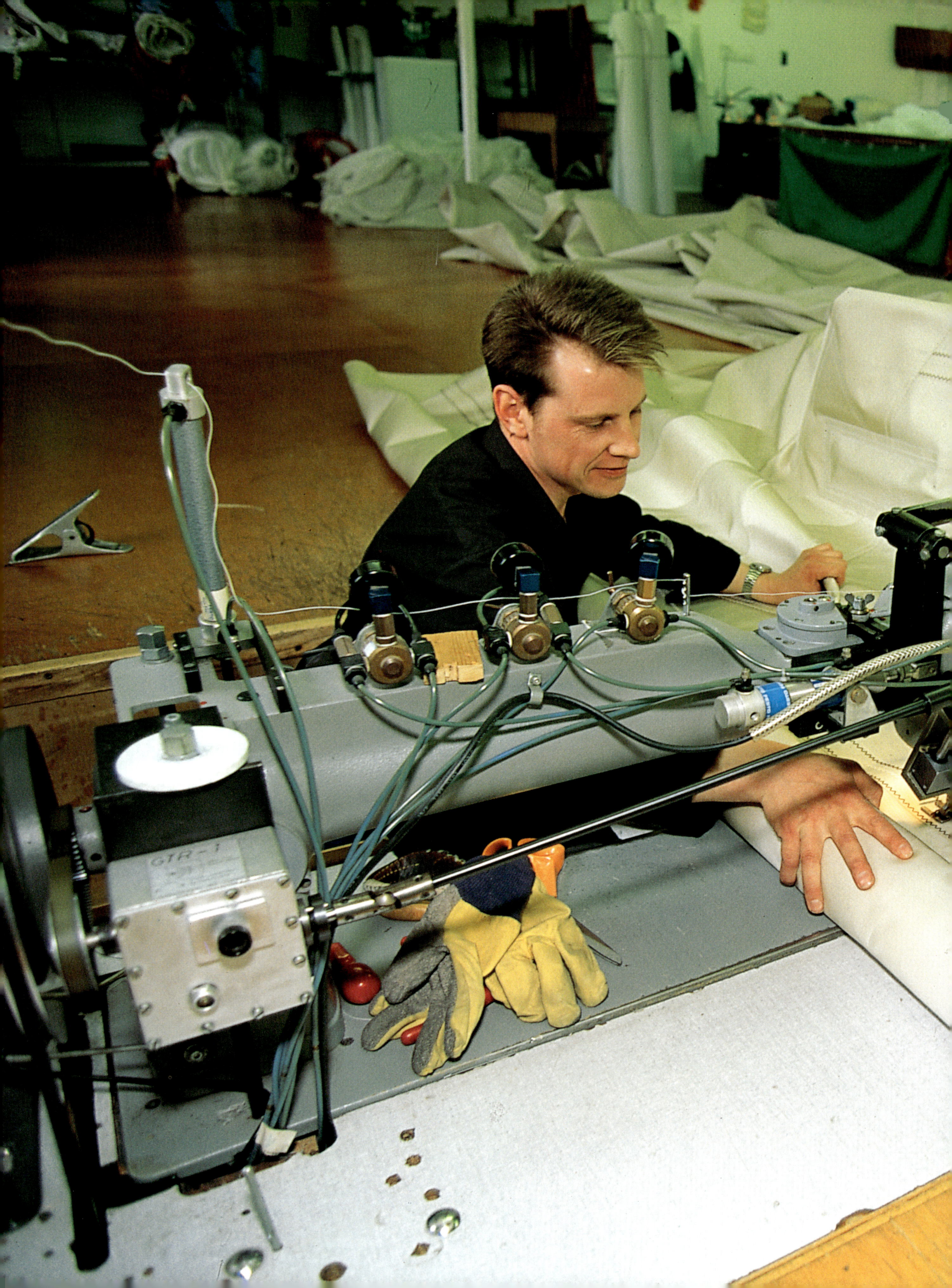
GTR-1

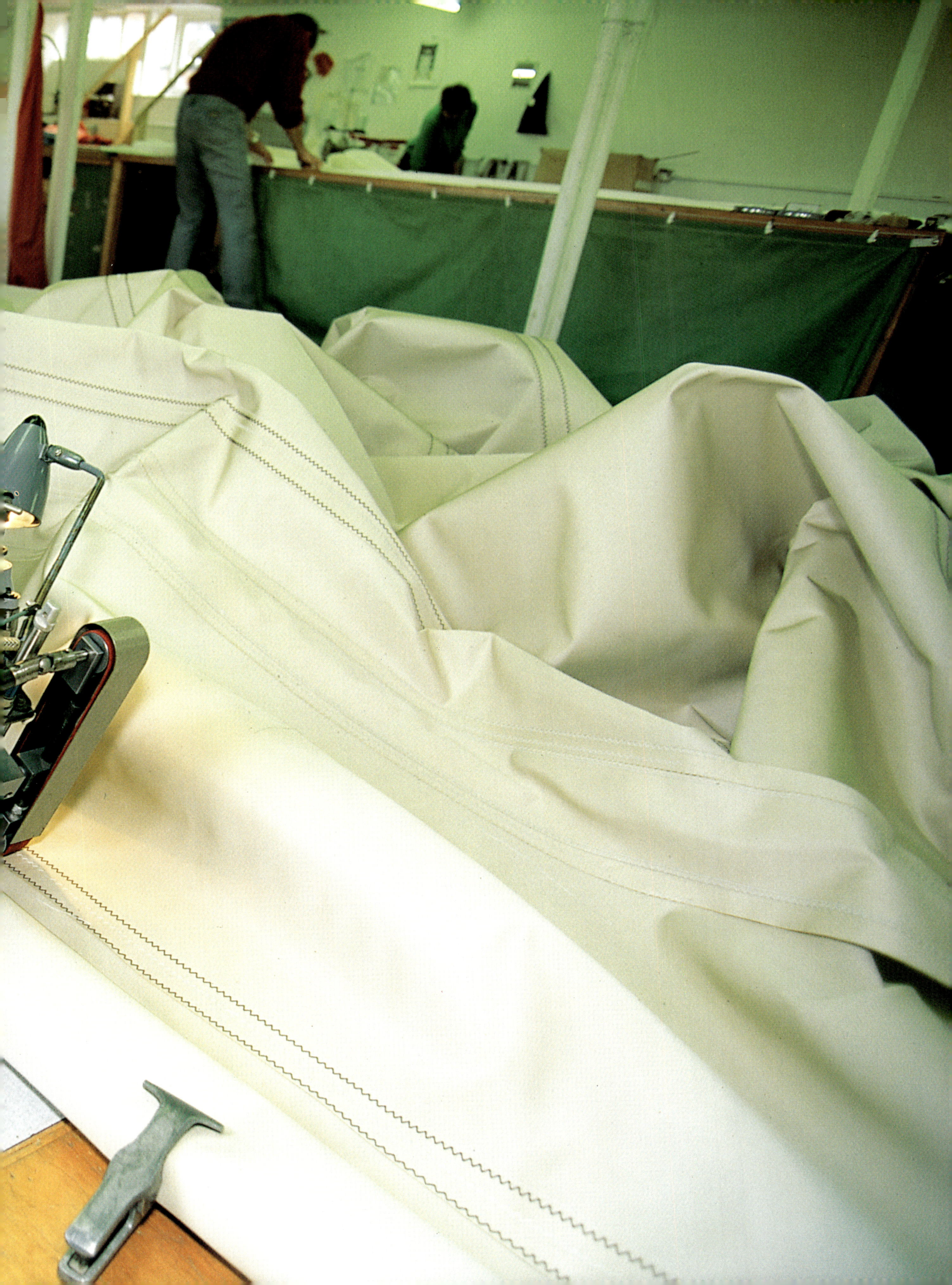

BOOTSBAU UND RESTAURATION

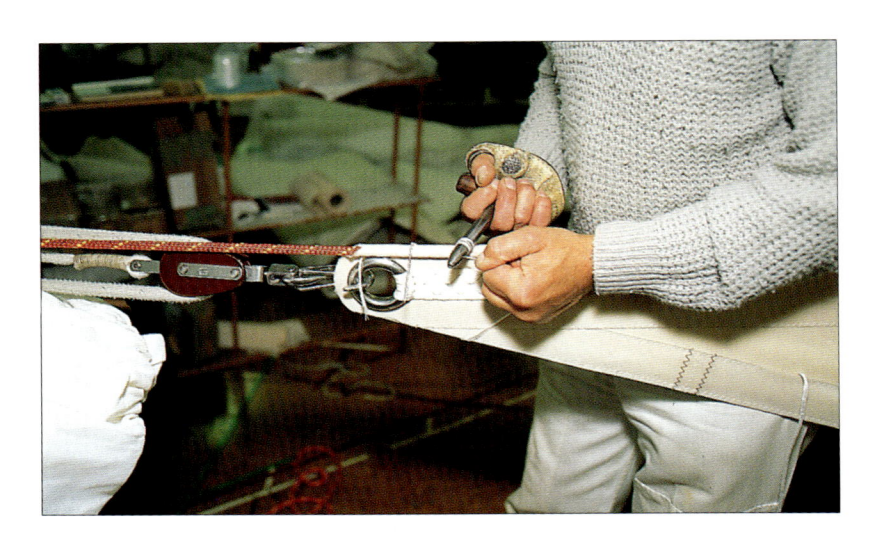

Heute sieht das anders aus. Das Tuch muß haltbarer sein und darf die Form nicht verlieren. Modernes Kunststoffgewebe ist dem Baumwolltuch weit überlegen. Inzwischen hat die Kunststoffindustrie auch eine Lösung für die ästhetischen Probleme gefunden, nämlich einen Farbstoff, der Kunststoffasern den gleichen warmen Ton gibt wie Baumwolle ihn hat.
Das Bild in der Mitte links zeigt Segeltechniker der Werkstatt von Murphy & Nye, La Spezia, beim Prüfen der Wölbung einer Genua, die schon zwei Jahre in Gebrauch war.
Das große Foto rechts zeigt die Arbeit an der LADY MAUD in der Werft von Labbé im französischen St. Malo. Die Yacht entstand 1907 in England nach einem Riß von Luke. Der heutige Eigner ist Gérard D'Aboville; er wurde durch seine Überquerung des Pazifiks im Ruderboot 1991 bekannt.

Die vorhergehende Doppelseite zeigt die typische Arbeit in einer Segelmacherei: Der Segelmacher an der Nähmaschine sitzt in einer Bodenöffnung. Das Bild entstand in Cowes bei Ratsey & Lapthorn, einem Handwerksbetrieb, der auf immerhin 200 Jahre Tradition zurückblicken kann – in eine Zeit, in der zwar gerade die Dampfmaschine erfunden, der Wind jedoch noch immer die Hauptantriebskraft der Schiffe war.
Heute gehört die Segelmacherei zu den bekanntesten auf der Welt, nicht zuletzt wegen ihres Könnens in der Herstellung von Segeln für klassische Yachten.
Früher wurden Segel aus Baumwolltuch geschnitten, und das Tuch wurde befeuchtet, um weniger winddurchlässig zu sein.

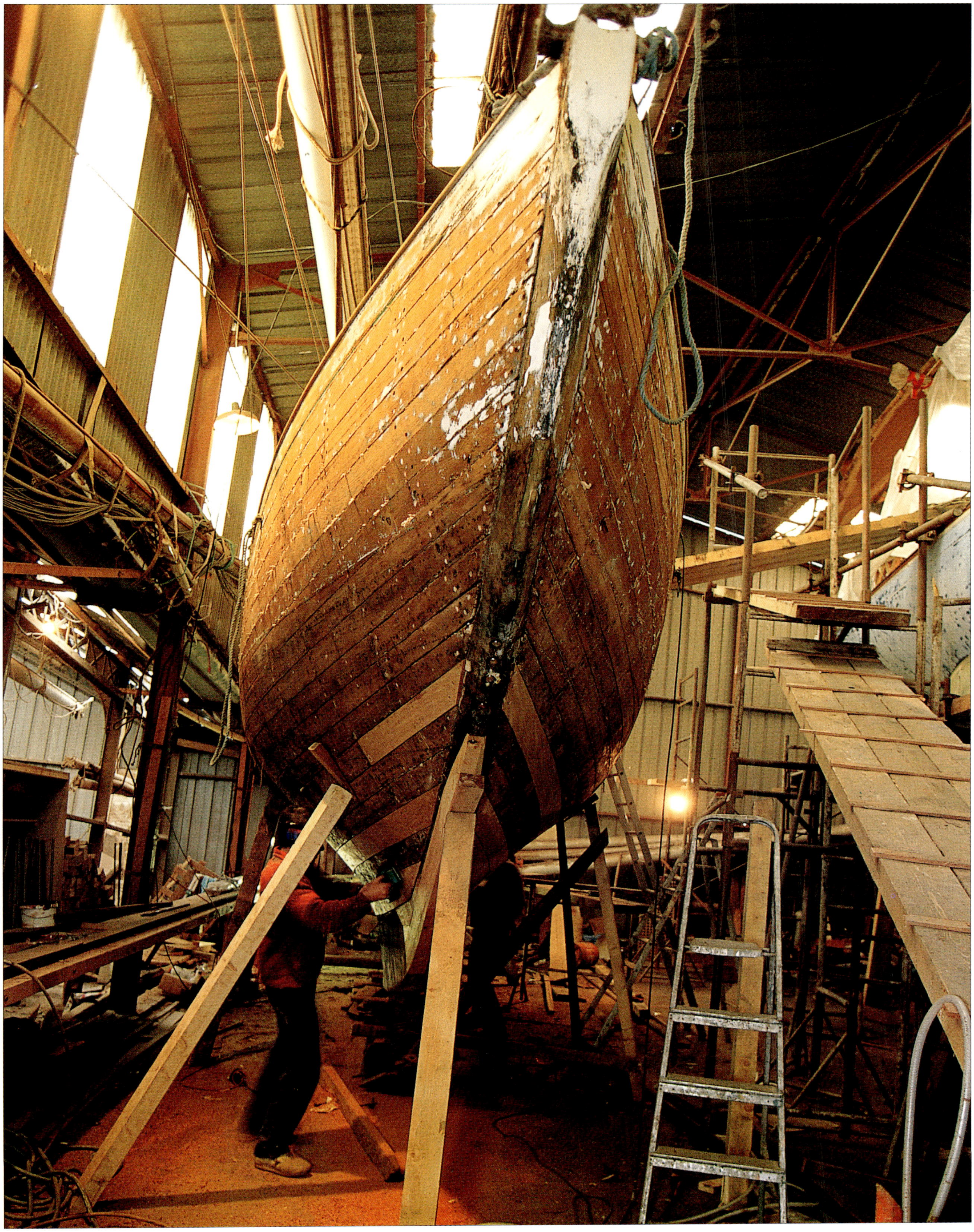

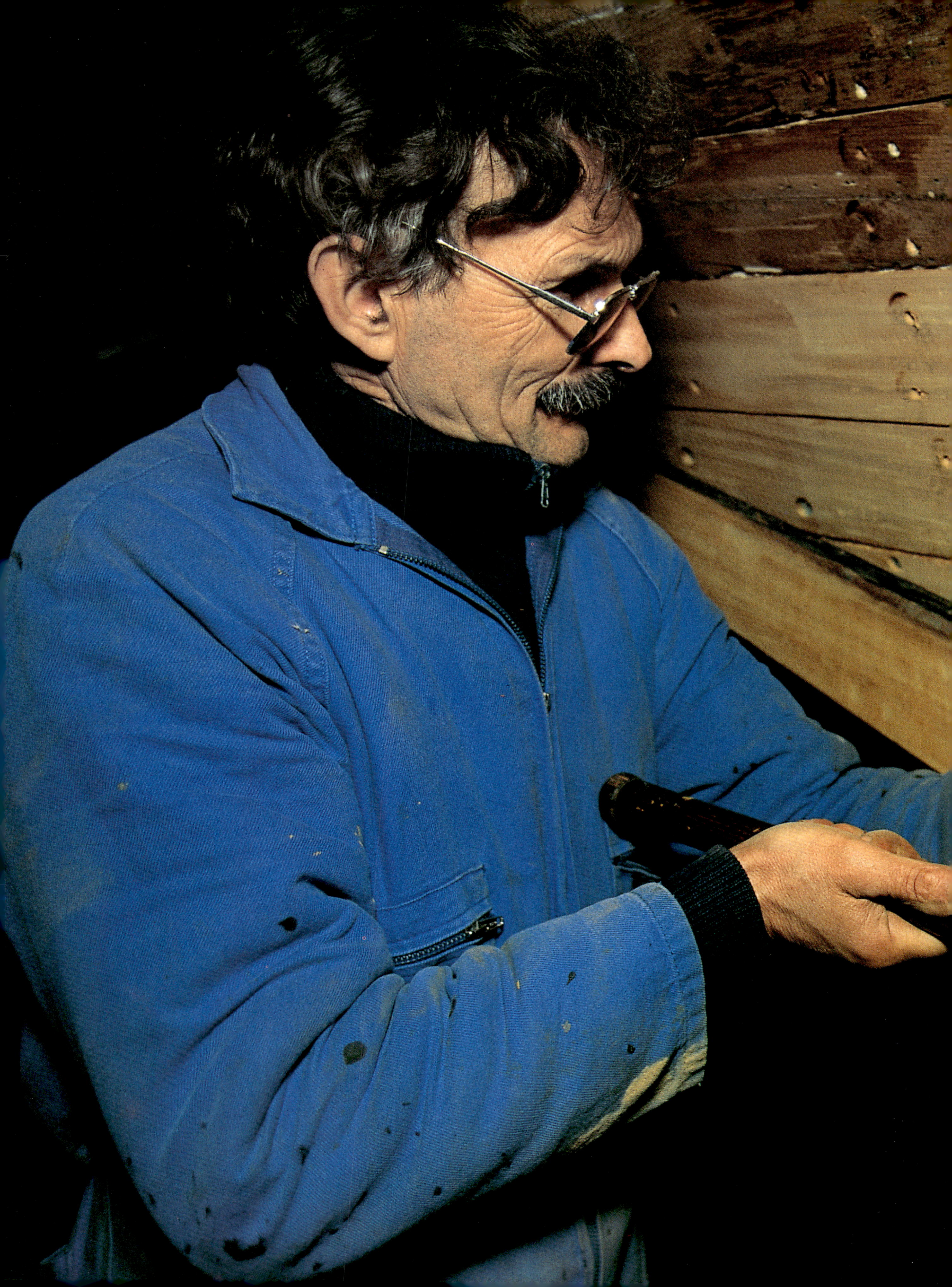

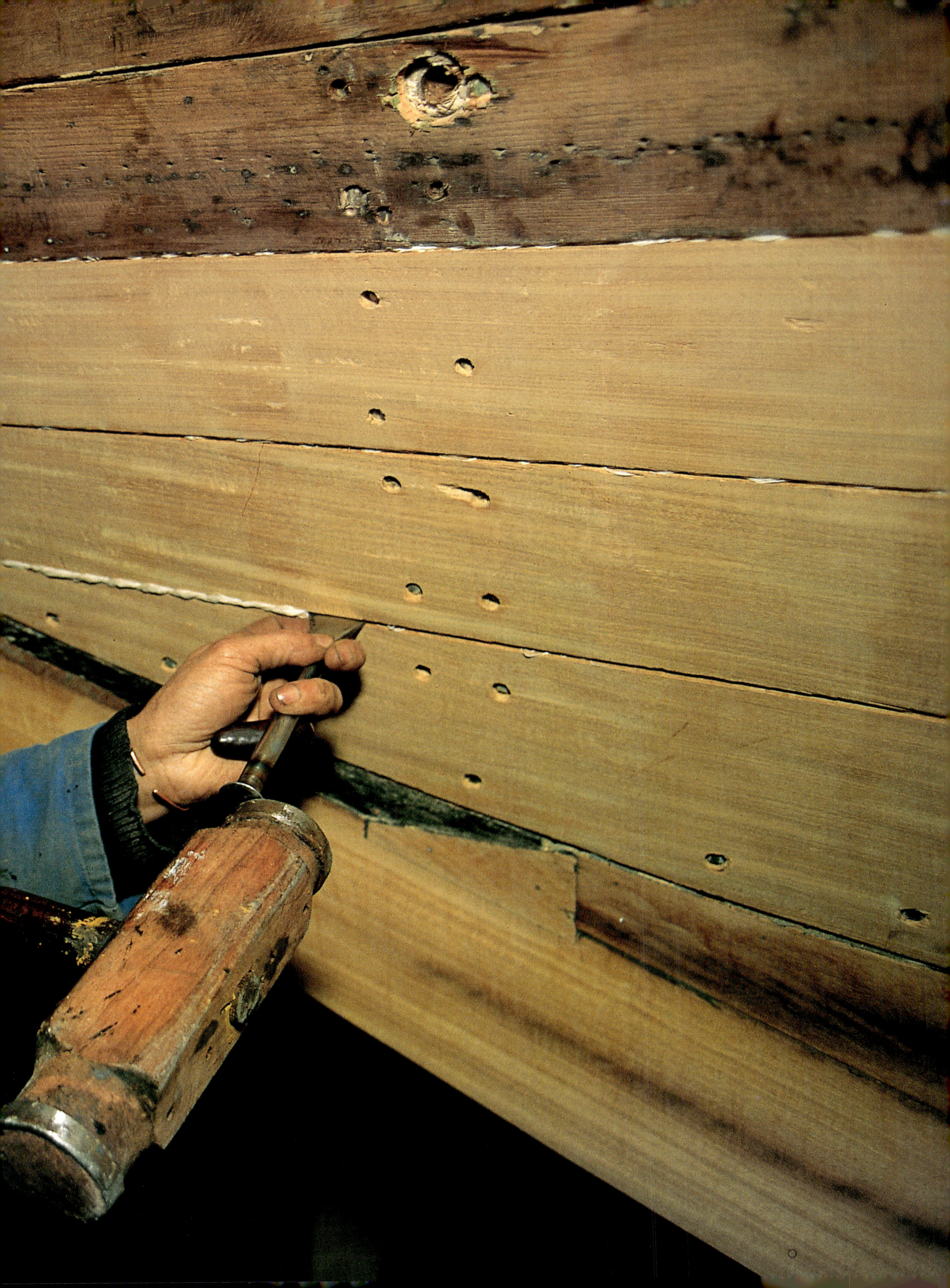

BOOTSBAU UND RESTAURATION

Eine traditionelle Bootsbauarbeit ist das Kalfatern, wie wir es auf der vorhergehenden Doppelseite sehen. Die Räume zwischen den Planken der LADY MAUD werden mit Baumwolle gefüllt. Der Kalfathammer und das Kalfateisen sind die typischen Handwerkszeuge für diese Arbeit. Der hölzerne Hammer hat ein Gewicht von etwa einem Kilo. Die Seiten des Hammerkopfes sind symetrisch, von einem Eisenring eingefaßt und völlig ausbalanciert. Deutlich zu erkennen: Ein Teil der Planken der LADY MAUD wurde erneuert. Zur Restaurierung gehört auch die Wiederherstellung des ursprünglichen Riggs mit seinem Gaffelsegel. Die Labbé-Werft überholte übrigens auch die PEN DUICK I von Eric Tabarly.

BOOTSBAU UND RESTAURATION

*Die Aufnahmen auf diesen Seiten zeigen die Restaurationsarbeiten an der S*KAGERRAK *in der Werft Beconcini in La Spezia. Auch dieses Unternehmen hat sich einen hervorragenden Ruf im Holzbootsbau erarbeitet und gehört zu den Spezialisten für Neubau, Umbau und Pflege von klassischen Booten.
Eine ganze Reihe der Yachten, die in diesem Buch vorgestellt werden, lagern im Winter zur Überholung in den Hallen der Beconcini-Werft.
Die Fotos auf der linken Seite zeigen, daß das Teak-Deck der Yacht vollständig erneuert wird. Die Reste der verrosteten alten Schrauben werden mit einer Trennscheibe entfernt. Zum Vergießen der Decksplanken verwendet man flüssigen Kautschuk. Erst wenn alle anderen Arbeiten an Deck und unter Deck beendet sind, werden die Decks geschliffen und überquellende Kautschukreste entfernt.*

*Der alte Lack auf den Decksaufbauten muß vollständig entfernt sein, bevor der neue Lack in acht Schichten aufgetragen werden kann und der ursprüngliche Glanz wiederhergestellt ist.
Die S*KAGERRAK *ist eine Yawl, 27,80 Meter lang und 1939 auf der Werft Abeking & Rasmussen in Bremen gebaut.
Das kleine Foto links zeigt den Rumpf der Yacht W*ATER BIRD*, der auf der Beconcini-Werft neu aufgeplankt wird.*

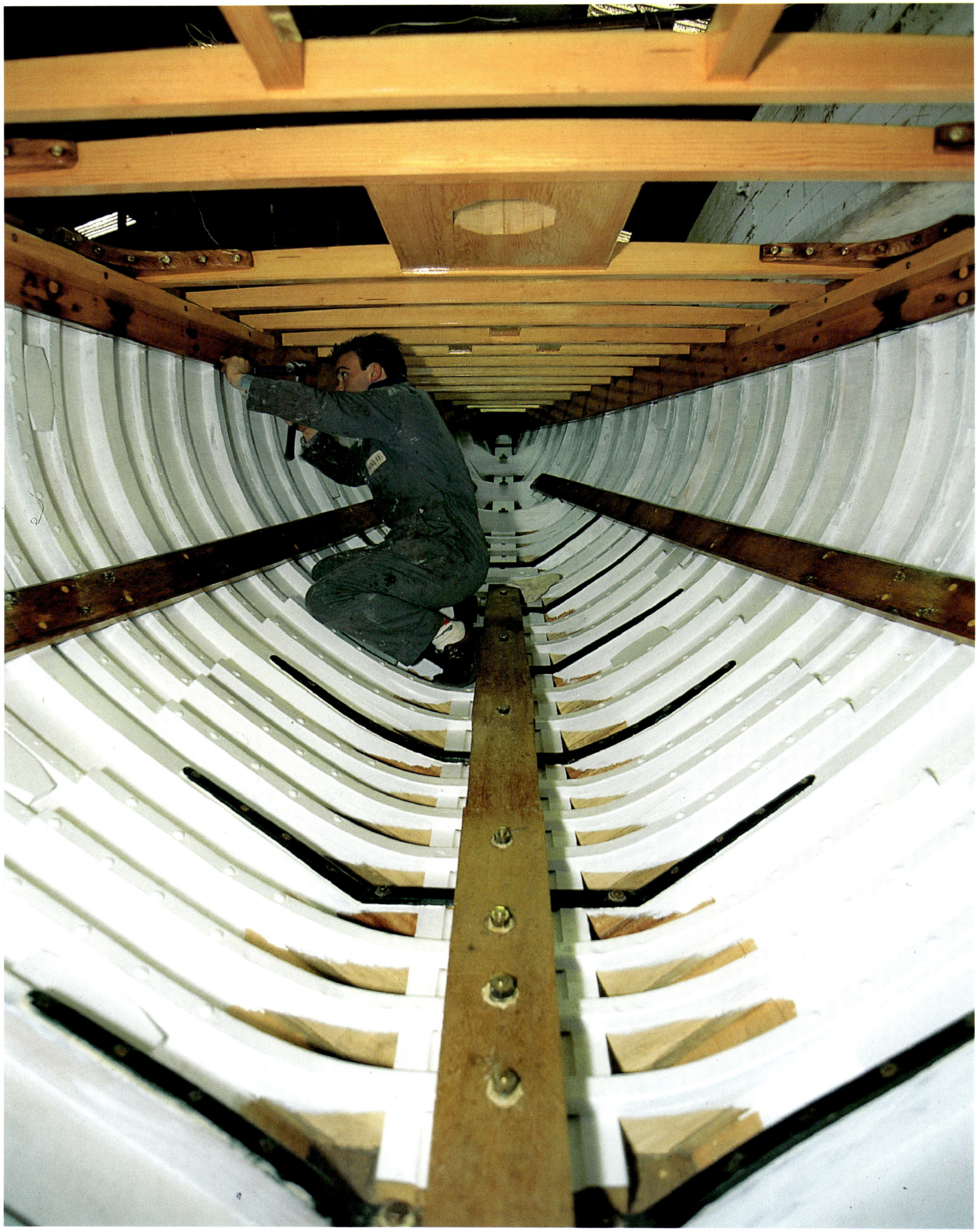

# BOOTSBAU UND RESTAURATION

Vom Beginn des 18. Jahrhunderts an bis etwa 1930 ist die Geschichte des Yachtsegelns geprägt von der Handschrift dreier Männer, die alle den gleichen Namen tragen: William Fife, Großvater, Vater und Sohn. Die Fife-Werft entstand in Fairlie, am Südostufer der Clyde-Bucht in Schottland. In eineinhalb Jahrhunderten wurden hier viele der schönsten Yachten der Welt gebaut, übrigens mit ganz unterschiedlichen Linien, von Kuttern und Yawls des 18. Jahrhunderts bis hin zu den Schonern der 30er Jahre. Dank des enormen Talents von William Fife I, der Geschäftstüchtigkeit von William Fife II, aber vornehmlich aufgrund der unerschöpflichen Kreativität von William Fife III entstand eine ganze Fife-Flotte. Mindestens 100 Yachten aus dieser Zeit segeln bis in unsere Tage.

In Verehrung der Familie Fife und in Erinnerung an die schöpferische Leistung, die dieser Name in der Geschichte der Segelei bis heute repräsentiert, wurde vor einigen Jahren in der Nähe von Southampton eine Werft mit dem Namen Fairlie-Restaurations gegründet. Die Werft hat es sich zum Ziel gesetzt, so viele Fife-Konstruktionen wie möglich zu restaurieren und in ihren originalen Zustand zurückzuversetzen. In den dunklen Werfthallen warten eine ganze Reihe von verwahrlosten Rümpfen auf einen Eigner, der reich genug ist, für ihre Rettung aufzukommen und damit das kulturelle Erbe zu bewahren, das diese Schiffe für die Yachtgeschichte darstellen. So liegt dort die LADY ANNE, eine 1912 gebaute Vertreterin der 15-Meter-Klasse, der es seinerzeit sogar gelungen war, die als unschlagbar geltende, 1911 von Camper & Nicholson konstruierte HISTRIA zu schlagen. Wir finden bei Fairlie die 1911 gebaute MARIQUITA, die letzte noch existierende Yacht der 19-Meter-Klasse.
Übrigens gab es insgesamt nur drei Vertreterinnen dieser Klasse: die erwähnte von Fife, die zweite, von Milner konstruiert, und die dritte von Camper & Nicholson. Die beiden letzteren sind verschollen, aber MARIQUITA hat man vor ein paar Jahren, halb gesunken im Schlick an der englischen Ostseeküste, wiederentdeckt.
Auf dem großen Bild links sind die Columbia Pine-Spanten und Decksbalken der FULMAS zu sehen, einem Boot der 8-Meter-Klasse, von Fife 1934 mit Mahagoni-Beplankung gebaut. Sie wurde in Kanada wiedergefunden, und ihre Restauration in der alten Rennversion ist so gut wie abgeschlossen.
Auf dieser Seite sind Detailaufnahmen der TUIGA zu sehen, einem Boot der 15-Meter-Klasse aus dem Jahre 1919. Sie wurde nach den Originalplänen von William Fife bei Fairlie rekonstruiert. Die Decksplanken aus leichter Yellow Pine werden gehobelt und dann mit einer Wolle aus Bronze geschliffen. Der Klüverbaum auf dem oberen Foto besteht aus Columbia Pine, die Beschläge sind von Wessex Casting aus Eisen und Bronze hergestellt.

BOOTSBAU UND RESTAURATION

Wenn die Originale verloren gegangen oder unbrauchbar geworden sind, müssen aus ästhetischen Gründen alle Beschläge an Deck und am Rigg dem Vorbild entsprechend genau nachgearbeitet werden.
Normalerweise verwendet man dafür Aluminium-Bronze oder Eisen. Bei Wessex-Casting, Southampton, arbeitet man nach der ursprünglichen Weise mit Aluminium-Bronze. Zunächst wird eine Holzform des gewünschten Beschlages hergestellt und davon eine Gußform aus Siliziumsand abgenommen. Dann wird das flüssige Metall in die Form gegossen und die Sandform nach dem Erkalten zerbrochen.
Der Sand der Form kann aufgefangen und wieder verwendet werden.

Auf dem kleinen Bild oben rechts sehen wir einen Arbeiter bei der Vorbereitung der Gußform für einen zweiflügeligen Propeller.
Auf dem unteren Foto ist ein Baumbeschlag aus Bronze zu sehen, der gerade aus der Form gebrochen wurde. Dieser Baumbeschlag entstand für die Yacht HALLOWEEN, einem kürzlich überholten William Fife-Design, das dem Museum of Yachting in Newport, Rhode Island, gehört. Die gerade aus der Form gebrochenen Beschläge werden anschließend poliert.
Der Schmelztiegel wird in den Boden eingelassen und das Metall mit Hilfe eines Ofens auf 1018 Grad Celsius erhitzt.
Auf dem großen Bild rechts sieht man eine Esse im Hafen von Douarnenez, in der Eisenbeschläge geschmiedet werden.

BOOTSBAU UND RESTAURATION

| | |
|---:|:---|
| Rigg | Gaffelketsch |
| Länge über alles | 18,38 m |
| Länge in der Wasserlinie | 13,11 m |
| Breite | 4 m |
| Tiefgang | 1,85 m |
| Verdrängung | 30 t |
| Maschine | Perkins, 80 PS |
| Segelfläche | 176 m² |
| Segelmacher | Ratsey & Lapthorn, Cowes, Isle of Wight |
| Stapellauf | 1914 |
| Bauwerft | Stevens, Southampton |
| Konstrukteur | Frederick Sheperd |
| Restauration | Cantiere Pitacco Luxich e Ferluga Muggia, Triest 1992 |

# TIRRENIA II

# TIRRENIA II

*Dies sind Bilder der T<small>IRRENIA</small> II unter Segeln. Als man das Schiff wiederentdeckte, war das Unterwasserschiff mit Kupfer beschlagen. Jede Kupferplatte mußte einzeln entfernt und die unzähligen Löcher mit Holzpfropfen verschlossen werden. Es zeigte sich aber, daß der Rumpf noch in guter Verfassung war. So hielten sich die Restaurationsarbeiten in Grenzen. Nur am Heck war das Holz nach einigen Reparaturmaßnahmen in den vielen Jahren dünn und locker geworden und entsprach nicht mehr den Originallinien, so daß an dieser Stelle größere Umbauten nötig waren.*

*Die alte Maschine, eine 20 PS-Bolinders, wurde gegen einen 80 PS-Perkins-Motor ausgetauscht, der auch nicht mehr ganz so viel Platz wegnahm, so daß am Heck eine zusätzliche Kabine untergebracht werden konnte. Für diese Arbeiten lag die Yacht neun Monate in der Werft.*
*Der bronzene Poller auf dem kleinen Foto rechts ist ein Originalbeschlag. Auf dem großen Foto rechts sind die Eschenholzringe zu sehen, mit denen das Großsegel am Mast befestigt ist.*

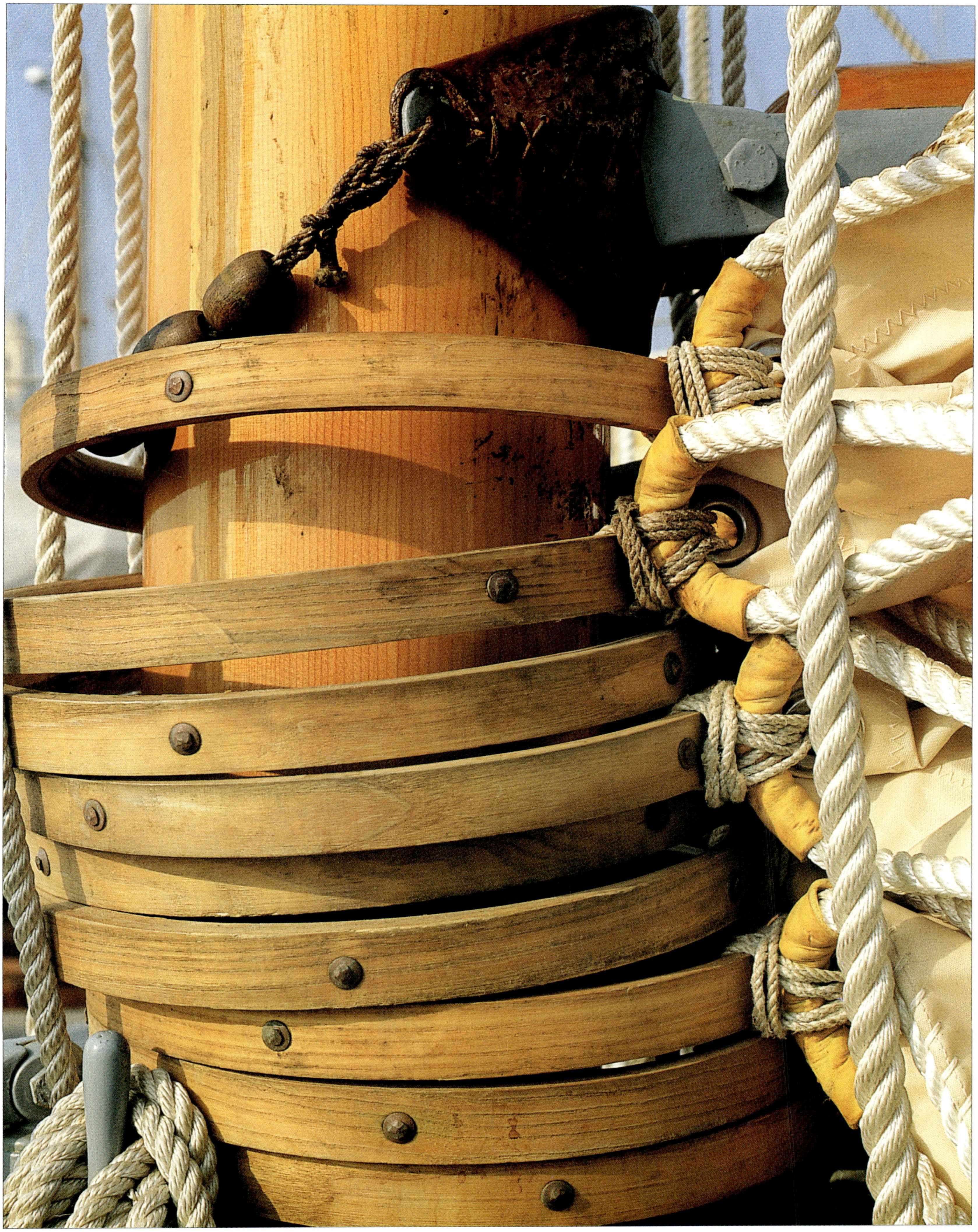

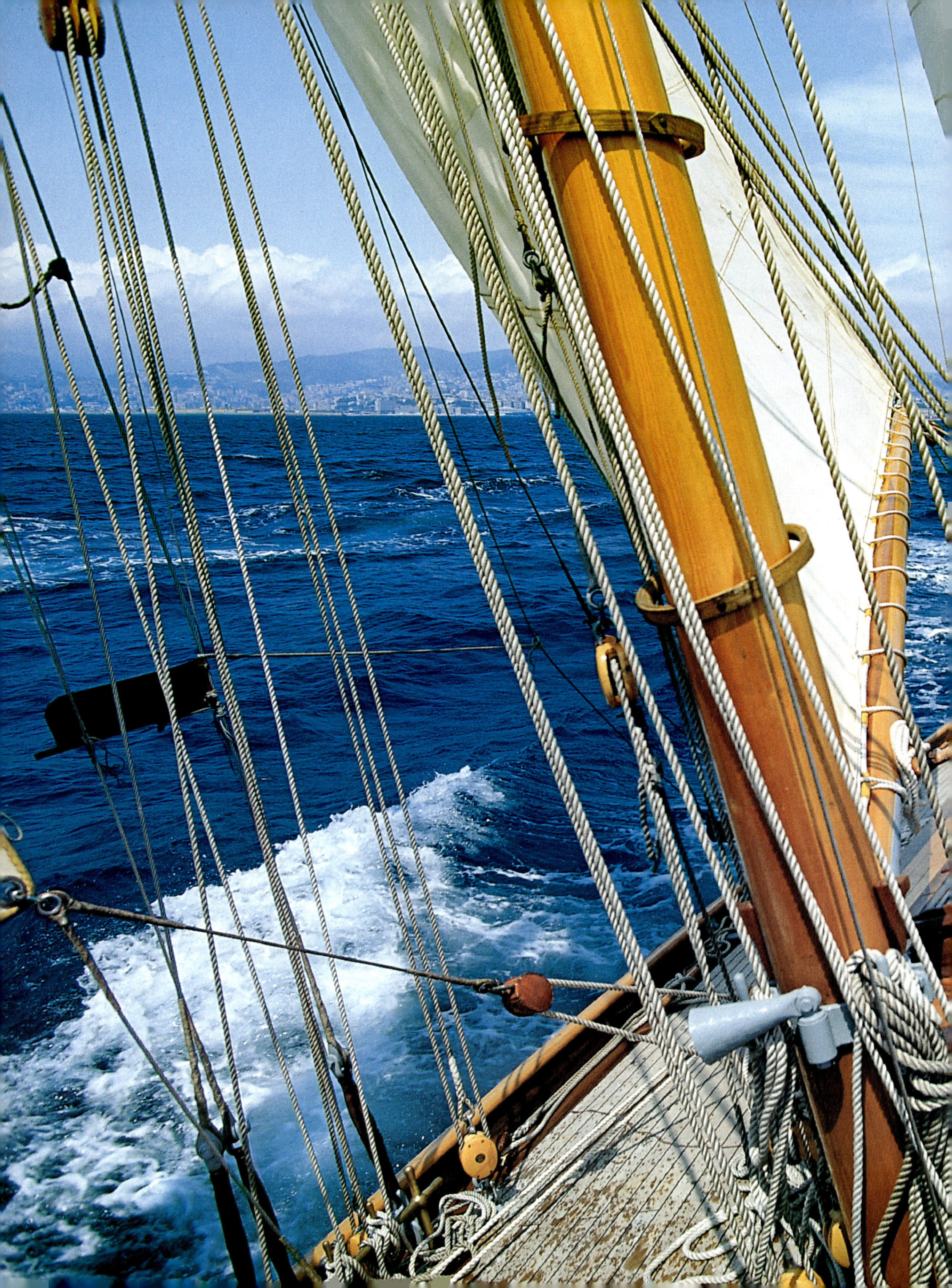

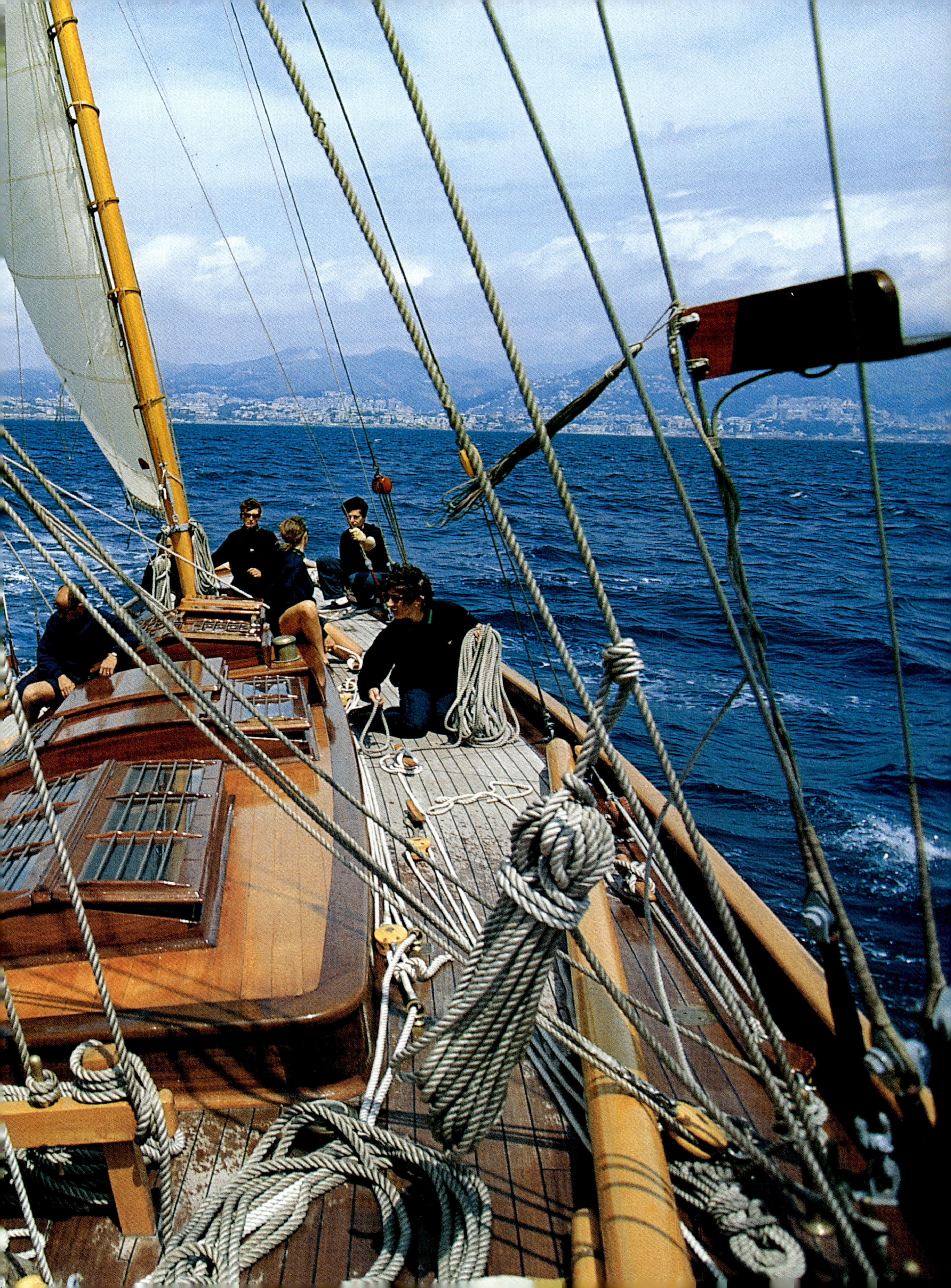

TIRRENIA II

*Auf der vorhergehenden Doppelseite segelt* Tirrenia II *in der Bucht von Genua mit ihrer Originaltakelung als Gaffelketsch. Das Teakdeck wurde komplett neu verlegt. Die Decksaufbauten bestehen aus Teak und Silver Spruce und ergänzen sich in ihrer unterschiedlichen Farbgebung wunderschön.
Mast und Baum wurden in Spruce geleimt, nahezu alle Beschläge an Deck sind neu, wobei die Bronzeteile extra angefertigt wurden. Die Segel stammen von Ratsey & Lapthorn, die 1914 schon den ersten Satz Segel für dieses Schiff nähten. Der Originalsegelplan der* Tirrenia II *war glücklicherweise im Archiv der Segelmacherei aufbewahrt worden.*

*Die Einrichtung der TIRRENIA II befand sich in gutem Zustand, so daß daran kaum gearbeitet werden mußte. Auf dem großen Foto links sehen wir die Messe. Der Klapptisch ist aus Teak. Das kleine Foto darüber zeigt den Kamin – bestehend aus Messing und Eisen. Eine Spüle aus Kupfer mit einer kleinen Handpumpe sehen wir auf dem kleinen Foto auf dieser Seite. Auf den Großschotbeschlag des Baumes sind Name und Baujahr des Schiffes graviert. TIRRENIA II wurde von der Werft H. R. Stevens in Southampton nach einem Riß von Frederick Sheperd gebaut. Als SAPPHO II lief sie 1914 vom Stapel, wurde aber bereits eineinhalb Jahre später an den Griechen Alex Carapanos verkauft, der sie in DODONI umbenannte und in der Ägäis segelte. 1925 erwarb sie der Neapolitaner Guido Fiorentino. Er brachte die Yacht nach Italien und gab ihr den heutigen Namen. 1926 erfuhr der tiefblau lackierte Rumpf mit dem goldenen Streifen auf der italienischen Werft Varazze eine erste Grundüberholung. Schon damals erregte die TIRRENIA II vermutlich ebenso viel Aufmerksamkeit wie beim Oldtimer-Treffen 1992 in Imperia, wo sie erstmals wieder zu sehen war. Bis dahin galt sie jahrzehntelang als verschollen und wurde später in der Karibik wiederentdeckt. Die Restaurationskunst der Bootsbauer in Triest und die Erfahrung von Carlo Sciarelli haben sie in alter Schönheit wiederauferstehen lassen. Auf dem kleinen Foto unten sehen wir sie bei leichter Brise 1992 vor Imperia im Mittelmeer.*

| | |
|---:|:---|
| Rigg | Gaffelschoner |
| Länge über alles | 25 m |
| Breite | 5,20 m |
| Tiefgang | 3 m |
| Verdrängung | 70 t |
| Maschine | GM, 150 PS |
| Segelfläche | 400 m² |
| Segelmacher | Midi Voile, Cogolin |
| Stapellauf | 1937 |
| Bauwerft | Abeking & Rasmussen, Lemwerder / Bremen |
| Konstrukteur | John G. Alden |
| Restauration | Troense 1984 |

# LELANTINA

*St. Tropez ist der Heimathafen der Yacht LELANTINA und zugleich der Ausgangspunkt ihrer Reisen durchs Mittelmeer. Stets finden sich an Bord Freunde, die Spaß daran haben, auf einem solch alten Schoner segeln zu können.*

*Die Einrichtung unter Deck entspricht nicht mehr dem Original. Sie wurde aus Platzgründen und aus Gründen des Komforts für die Gäste nach modernen Gesichtspunkten ausgebaut. Dies zeigt sich besonders deutlich in der Messe der LELANTINA, auf dem kleinen Foto links. Teak, Oregon, Pine und Mahagoni sind hier verwendet worden.*

*Wie man sieht, harmonieren die Hölzer hervorragend. Das große Bild rechts zeigt LELANTINA unter vollen Segeln in der Bucht von St. Tropez während der Regattagserie Nioulargue im Jahre 1992. Sie trägt noch ihre Originalmasten aus Spruce. Die Decksplanken sind mit einem Leim aus Knochen verklebt, wie es in den dreißiger Jahren üblich war. Diese Methode erweist sich noch heute als haltbar. Selbst die oft vom Mistral gepeitschte See in der Bucht von St. Tropez – Windstärken um 7 und darüber sind nicht ungewöhnlich – hat der LELANTINA bislang nichts anhaben können.*

*Nach der Nioulargue 1992 nahm LELANTINA an der Route du Rosé teil, einer Regatta, die im November in St. Tropez beginnt und in der Karibik endet. Jede teilnehmende Yacht erhält eine Anzahl Flaschen des landestypischen Rosé-Weines als Geschenk an Bord. Für alle Eigner, die ohnehin in der Winterzeit in der Karibik segeln wollen, ist die Regatta ein zusätzlicher Anreiz zur gemeinsamen Abreise.*

*Das Deckshaus, wie wir es auf dieser Seite sehen, ist unverändert geblieben und besteht aus lackiertem Teakholz – ebenso übrigens wie der Tisch in der Messe. Das Holz dazu stammt von den original 50 Millimeter starken Decksplanken, die 1987 komplett erneuert werden mußten.*

*Das Rigg ist sehr einfach gehalten und außerordentlich praktisch. LELANTINA benötigt nicht mehr als drei oder vier Mann Besatzung. Um die Manöver schnell ausführen zu können, sind bei Regatten jedoch mindestens zehn Mann an Bord.*

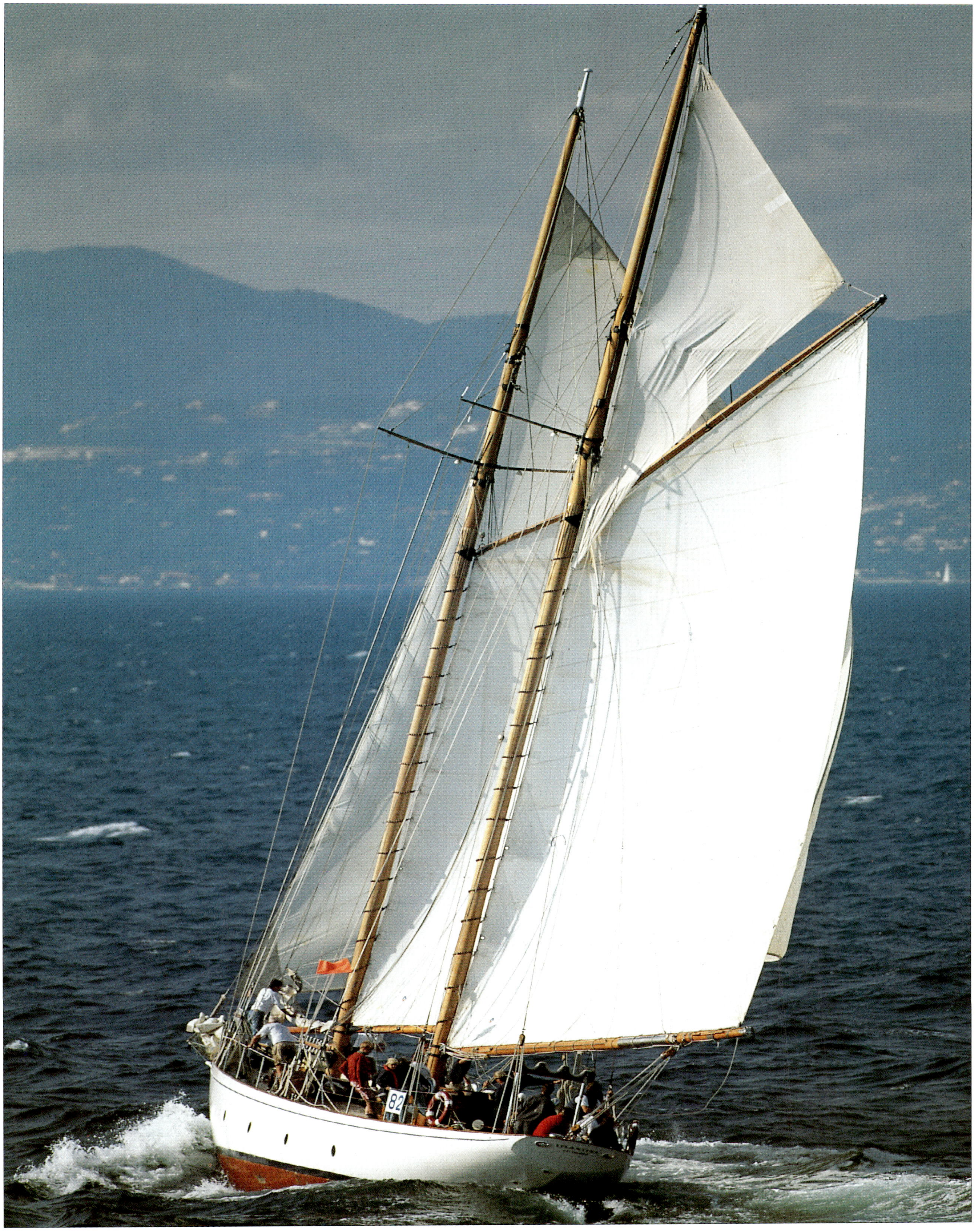

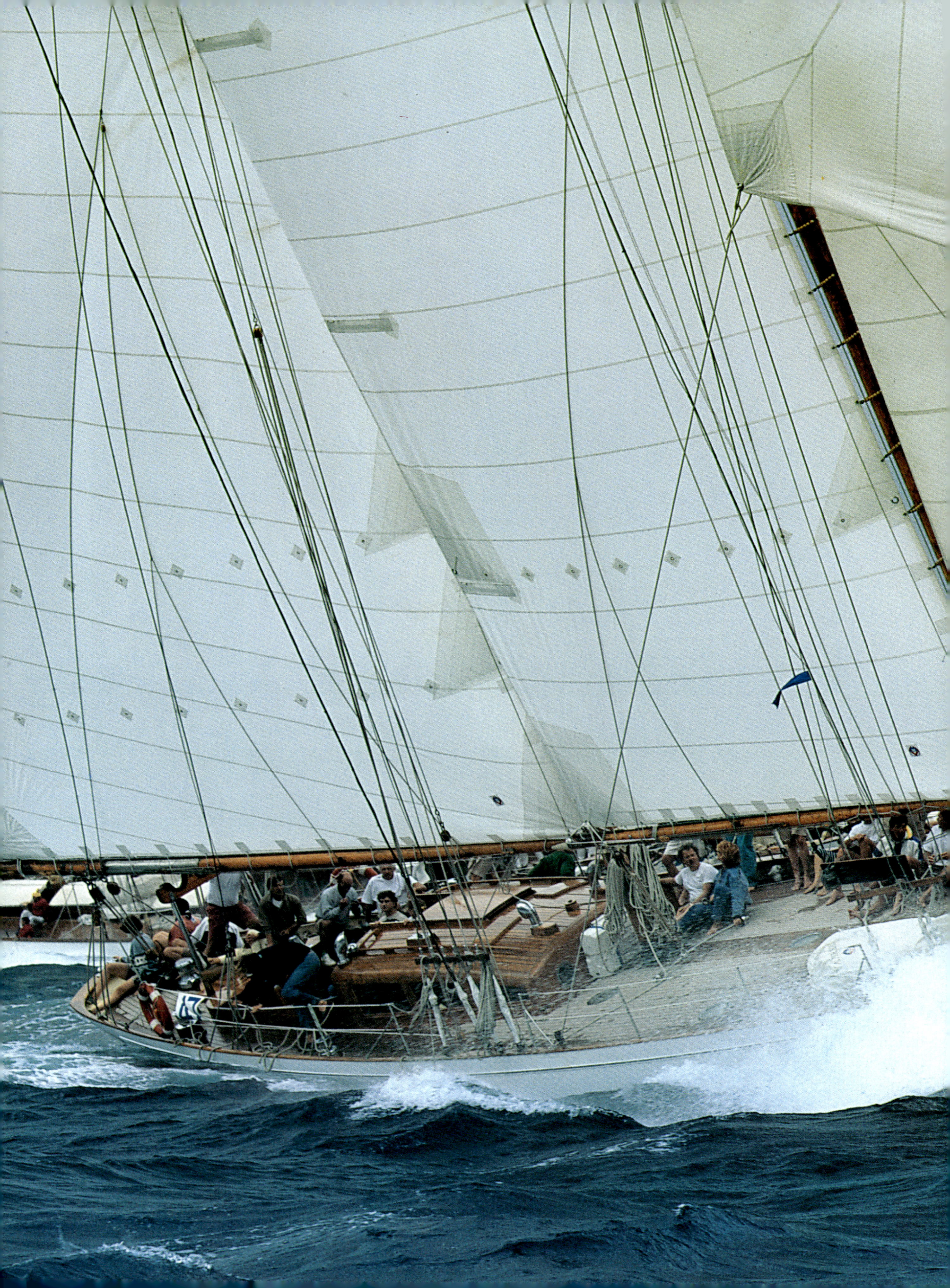

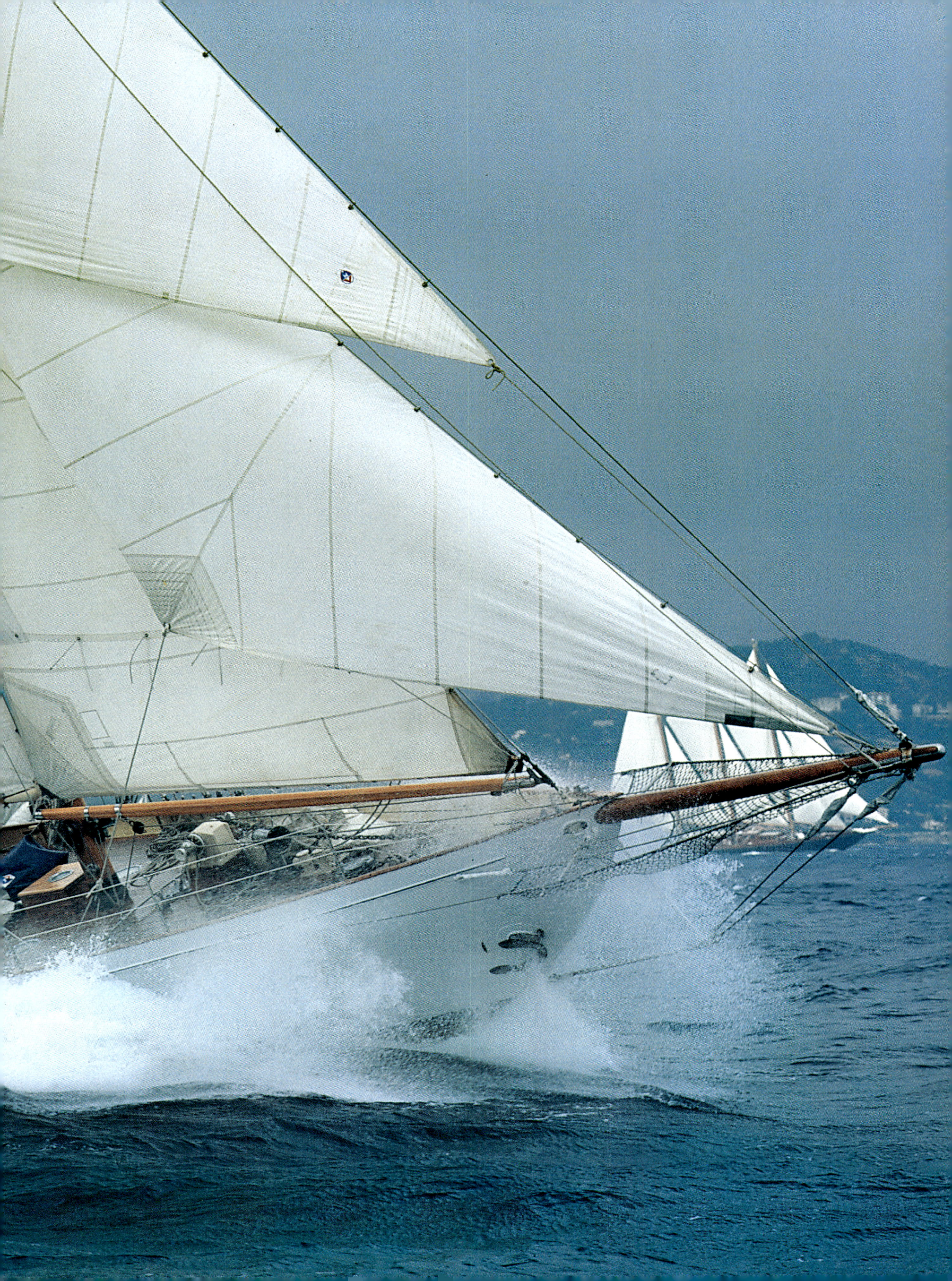

# LELANTINA

*Auf der vorhergehenden Doppelseite sehen wir LELANTINA noch einmal in voller Schönheit in der Bucht von St. Tropez. Man erkennt die Kraft, mit der sich das Schiff hoch am Wind durch die See arbeitet. Das Bild entstand während der Nioulargue 1989. Im Hintergrund der Dreimaster CREOLE, ebenfalls unter vollen Segeln.*
*Auf dem kleinen Foto hier rechts sieht man LELANTINA Bord an Bord im Rennen mit ORION. Es war ein grauer Tag, und es wehte recht ordentlich in den Schauerböen.*
*Das kleine Bild oben links zeigt LELANTINA im Gegenlicht mit einem gewaltigen Kreuzballon während der Nioulargue 1992. Das große Foto auf dieser Seite gibt einen Eindruck von der fantastischen Teakholzarbeit im Deckshaus. Der Niedergang in die Messe hinunter ist aus Mahagoni.*

*Einen guten Eindruck von den Holzarbeiten an Deck geben die Aufnahmen auf dieser Seite wieder. Die kugelförmigen Teile der Mastringe bestehen aus Esche und werden „Paternoster" genannt, weil sie an die Kugeln eines Rosenkranzes erinnern. Sie rutschen beim Setzen des Segels am Mast hoch. Wenn dieses Paternoster schon ein wenig angegriffen erscheint, so ist das nicht verwunderlich: LELANTINA wird sehr oft gesegelt und ist nicht nur ein Schaustück.*

*Das untere Bild zeigt Ruder und Kompaßgehäuse der LELANTINA. Das Gehäuse, wie auch alle anderen Metallteile an Deck, besteht aus verchromter Bronze, so auch die Winsch und Schothalterung der Yacht auf dem kleinen Foto auf Seite 62 rechts oben. Der Entwurf für LELANTINA wurde 1937 von dem amerikanischen Eigner Ralph Peverley bei John Alden in Auftrag gegeben. Alden gehörte damals zu den bedeutendsten Konstrukteuren der USA, und Peverley war einer seiner besten Kunden.*

*Acht Jahre zuvor hatte er eine vier Meter kürzere Yacht bei ihm bestellt. Sie trug den Namen LELANTA und wurde in Holland auf der Werft de Vries gebaut. Ihr erstes Rennen war die berühmte Fastnet-Regatta, aber dabei hatte sie kein großes Glück.*

*Ihre Eigner wechselten immer wieder, und sie erlebte manches Abenteuer. Einmal wurde sie in der Karibik sogar mit einer Ladung Marihuana erwischt.*

*In der Zwischenzeit nahmen die neuen Pläne John Aldens Gestalt an. Das neue Schiff trug zunächst den Namen LELANTA II und später LELANTINA. Den genieteten Eisenrumpf baute Abeking & Rasmussen in Bremen. Die Werft hatte auf diesem Gebiet bereits große Erfahrung, hauptsächlich als Folge verschiedener Aufträge der deutschen Marine. Bis heute befindet sich der Rumpf in einwandfreiem Zustand.*

|  |  |
|---:|:---|
| Rigg | Gaffelschoner |
| Länge über alles | 31,32 m |
| Länge in der Wasserlinie | 22,76 m |
| Breite | 6,96 m |
| Tiefgang | 3 – 4,46 m |
| Verdrängung | 185 t |
| Maschine | Perkins, 285 PS |
| Segelfläche | 400 m² |
| Stapellauf | 1931 |
| Bauwerft | Electric Boat Company, New London / CT |
| Konstrukteur | John G. Alden |
| Restauration | Camper & Nicholson, Gosport 1976 |

# PURITAN

# PURITAN

Die beiden Fotos auf dieser Seite zeigen PURITAN, einmal im vollen Licht und einmal im Gegenlicht. In beiden Fällen sind allerdings nicht alle Segel gesetzt. Das große Bild gibt einen Eindruck davon, wie es in der Messe aussieht. Die beiden Aschenbecher auf dem Foto oben sind versilberte Muschelschalen.

Wie fast alle Alden-Designs, ist auch PURITAN als Schoner geriggt. Die Masten bestehen aus Columbia Pine, die Spieren aus Silver Spruce, einer in Amerika wachsenden Koniferenart, deren Holz ebenso widerstandsfähig wie leicht ist und auch zum Bau von Propellern für Sportflugzeuge verwendet wird. Das Deck ist traditionell in Teakholz verlegt.

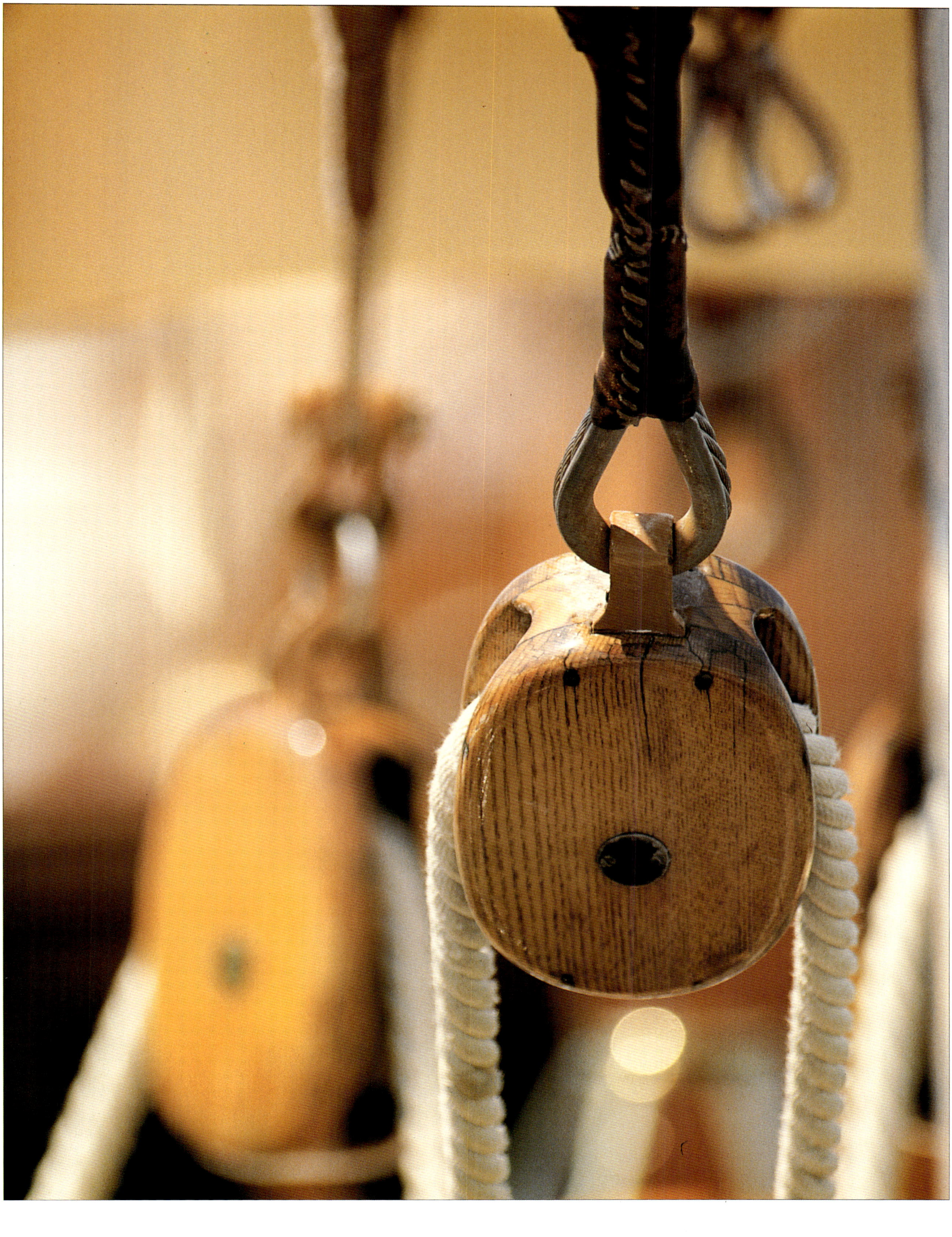

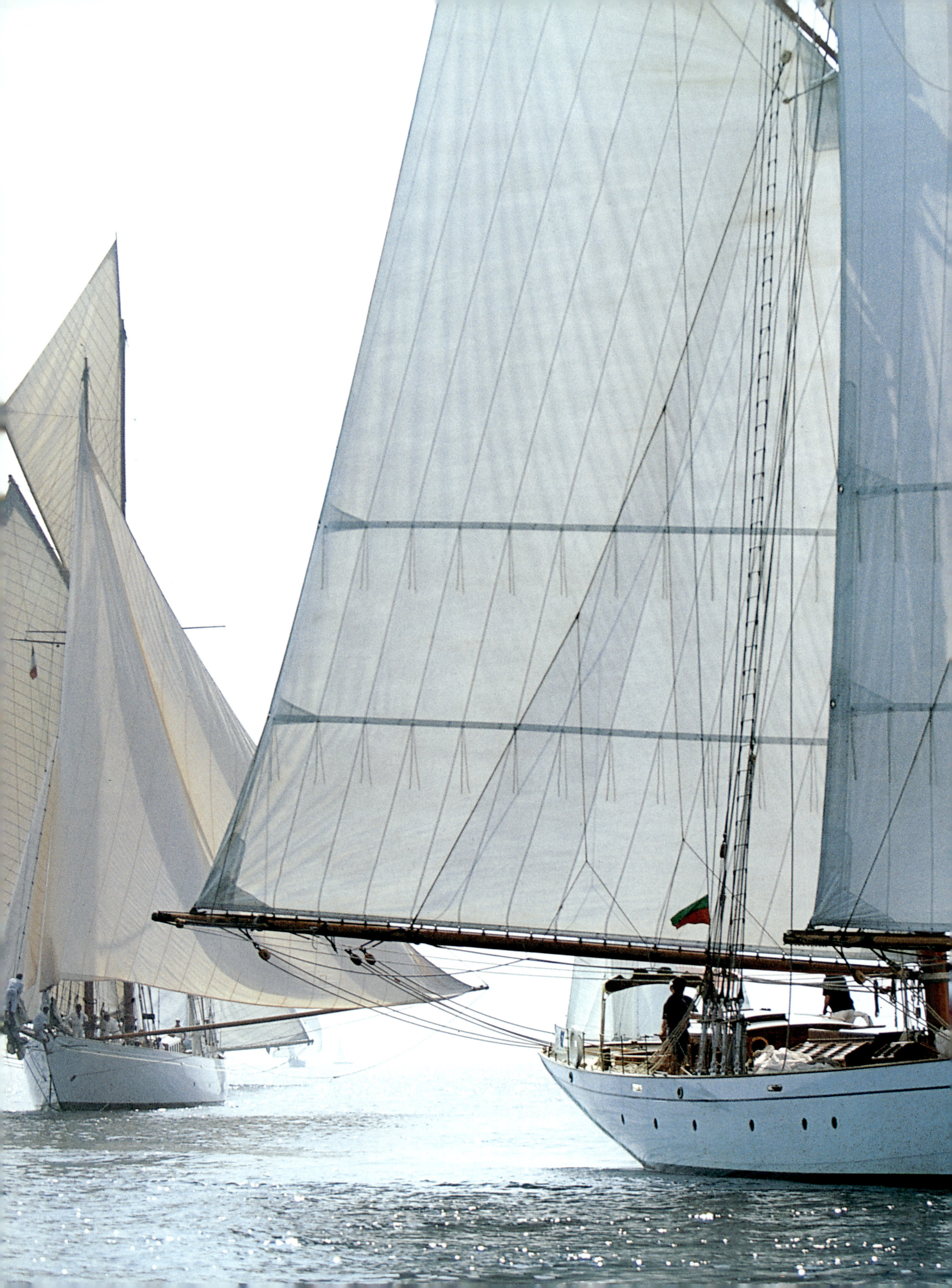

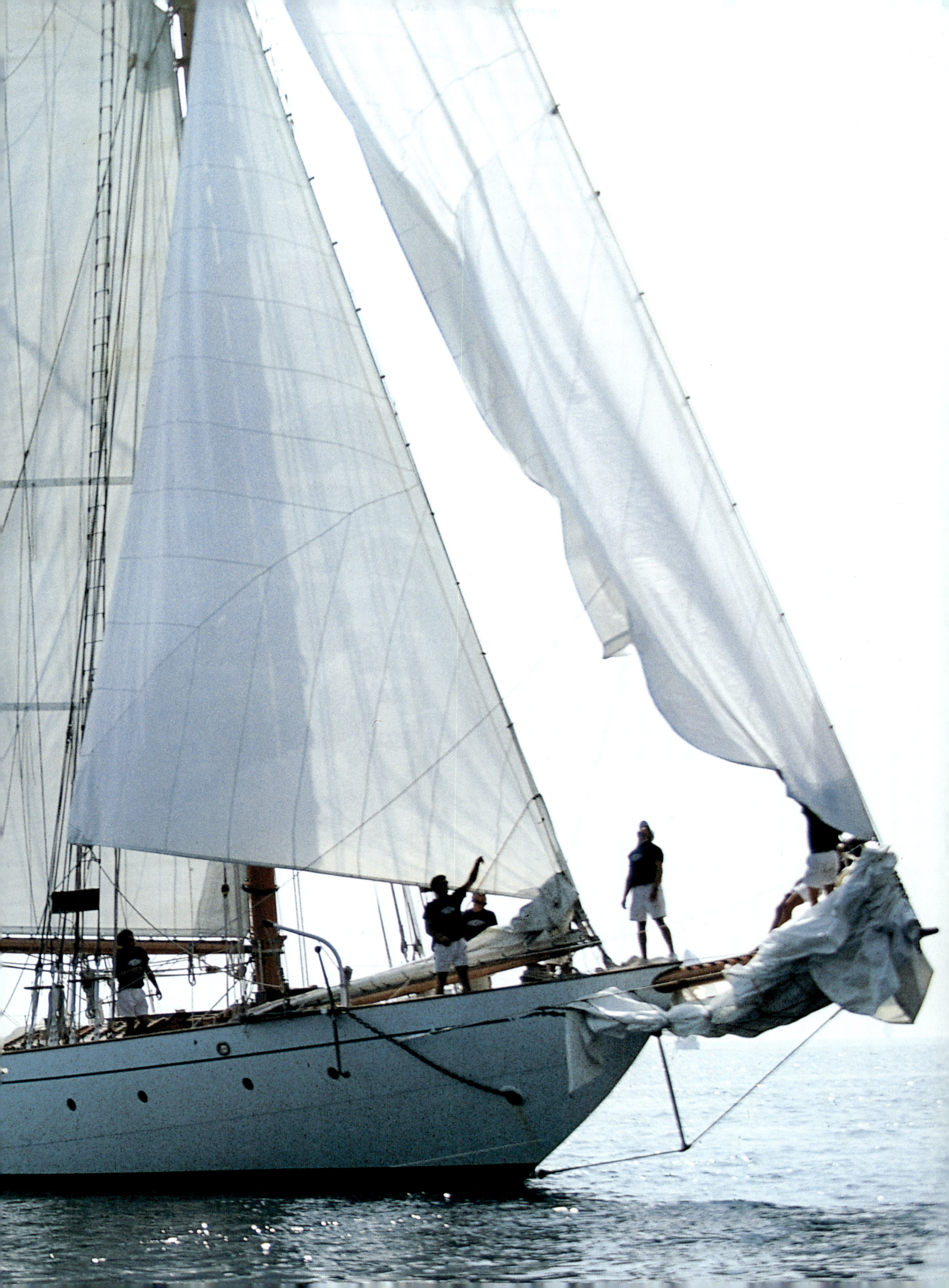

*Auf der vorhergehenden Doppelseite sehen wir in einer Oldtimer-Regatta 1992 P*URITAN *knapp vor* ALTAIR *liegen, kurz vor der Ziellinie des Hafens von Imperia/Italien. Es war einer dieser typischen dunstigen Tage ohne Wind und einer der seltenen Fälle, in denen* PURITAN *die Nase vorn hat. Um bei so leichten Windbedingungen erfolgreich zu sein, bedarf es der vollen Konzentration von Skipper und Crew. Solche Tage klingen abends im Hafen in zumeist freundschaftlicher Atmosphäre aus, auch wenn man sich tagsüber auf See gegenseitig nichts geschenkt hat.*

*Das kleine Foto auf dieser Seite in der Mitte zeigt eine Ecke der Messe der* PURITAN *mit einem hübschen Schrank aus Walnußholz. Die Wandvertäfelung besteht aus Pine, der Messetisch aus Teak und Marmor. Das kleine Bild rechts erlaubt einen Blick in eine der Kabinen, das Bild darunter zeigt das Kompaßgehäuse.*
*Auf dem Foto auf der gegenüberliegenden Seite segelt* PURITAN *bei leichtem achterlichem Wind im Schmetterlingsstil. Alles in allem kann sie bis zu 700 Quadratmeter Segelfläche tragen.*

PURITAN *ist eines der schönsten Beispiele des Schonerbaus in Amerika. John Alden hat sie 1929 gezeichnet. In den USA wird sie nur übertroffen von der 37,5 Meter langen* SEARLING. *Ursprünglich wurde sie als Fahrtenyacht konzipiert, und ihre Linien ähneln einem anderen berühmten Schiffstyp, den drei* MALABAR*-Schonern, die zwischen 1921 und 1945 entstanden.*
*Der stählerne Rumpf wurde von der Werft Electric Boat Company in New London, Connectitut, gebaut. Noch vor dem Stapellauf hatte* PURITAN *als Folge der Weltwirtschaftskrise dreimal den Eigner gewechselt. Ihr erster Eigner hieß Henry G. Bauer und kam aus Kalifornien. Während des Zweiten Weltkrieges wurde das Schiff der US Navy zur Verfügung gestellt und als Wachboot an der kalifornischen Küste eingesetzt. Später kaufte sie der Sohn des peruanischen Präsidenten, und die Yacht wurde zu einem Mittelpunkt der Lebewelt von Acapulco. Schließlich kam das Schiff in den Besitz des Österreichers Oskar J. Schmidt, der für eine vollständige Überholung sorgte. 1981 brach der Großmast während eines schweren Sturms im Atlantik. Trotzdem erreichte sie das Mittelmeer und bekam in der Werft Nautico dell' Argentario an der Tyrrhenischen Küste einen neuen Mast angepaßt.*

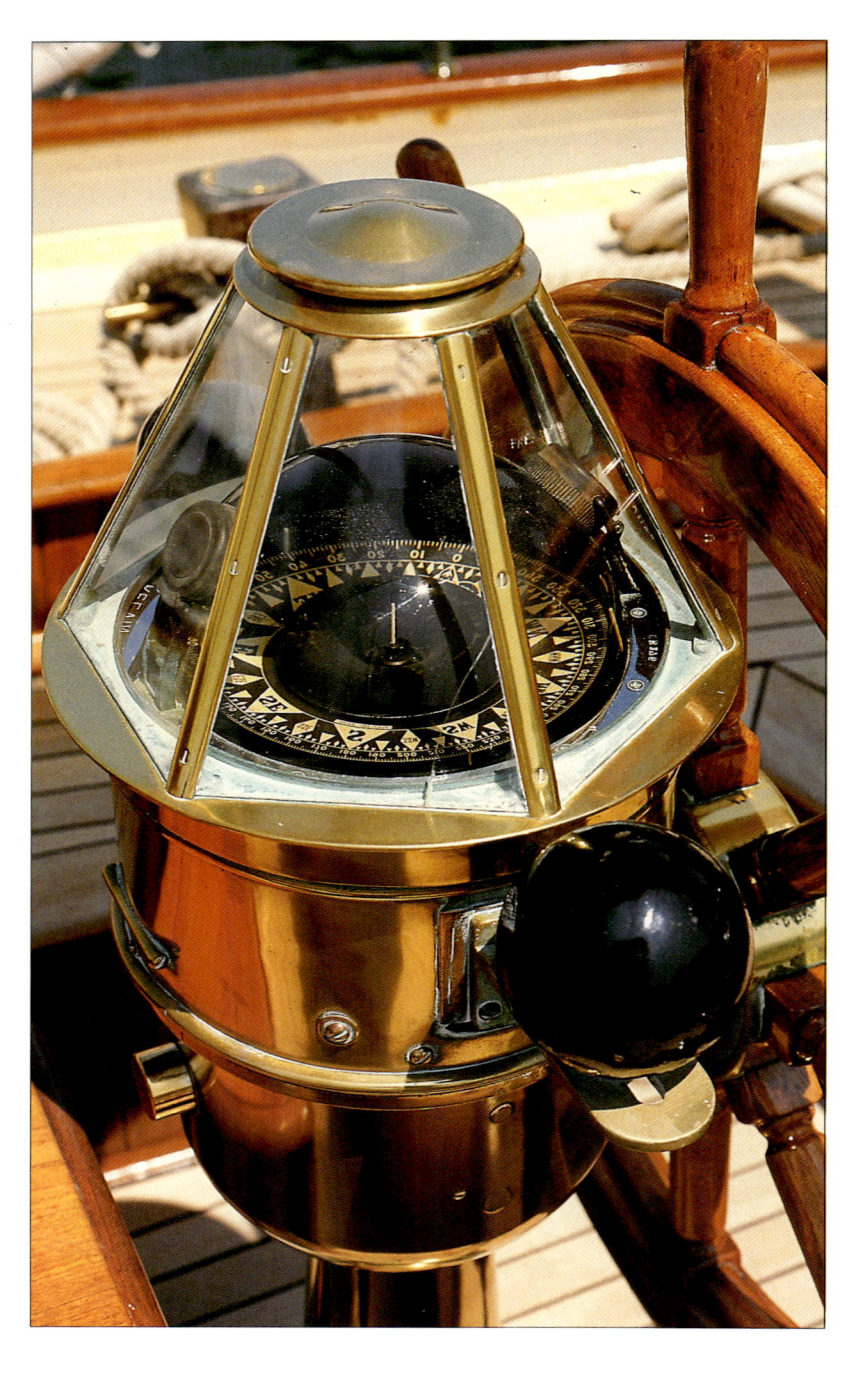

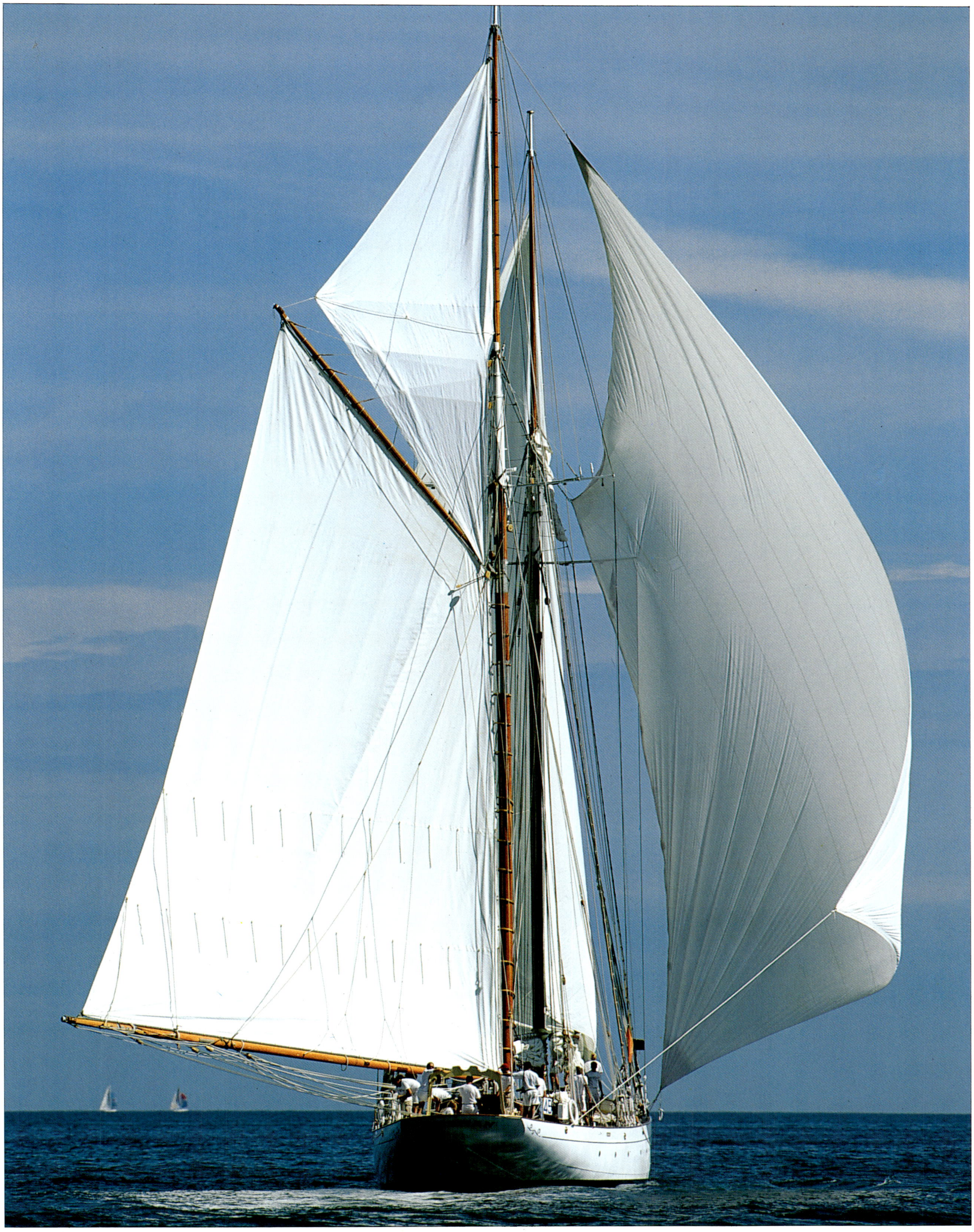

| | |
|---:|:---|
| Rigg | Bermuda-Schoner |
| Länge über alles | 21,20 m |
| Länge in der Wasserlinie | 16,40 m |
| Breite | 3,60 m |
| Tiefgang | 2,60 m |
| Verdrängung | 28 t |
| Segelfläche | 208 m² |
| Segelmacher | Murphy & Nye, La Spezia |
| Stapellauf | 1930 |
| Bauwerft | Costaguta, Genua |
| Konstrukteur | F. Herreshoff |
| Restauration | Cantiere Beconcini, La Spezia 1988 |

# EMILIA

EMILIA

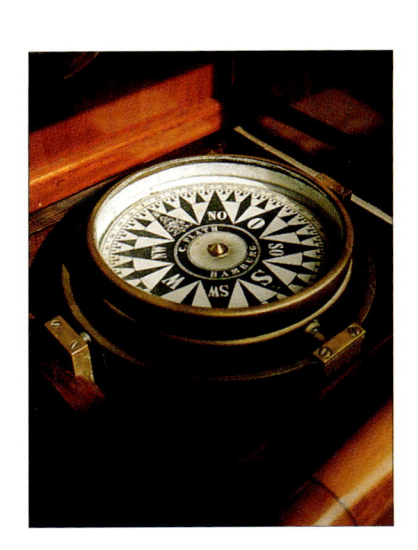

74

*Der Rumpf der* Emilia *besteht aus Mahagoni. Während der Restauration 1988 mußte ein großer Teil der Planken ersetzt werden. Das Deck und der Cockpitboden sind Teak, die Decksaufbauten Mahagoni. Die Masten aus Douglas Pine wurden grundüberholt und konnten weiter verwendet werden, ebenso wie andere tragende Teile des Rumpfes.*

*Die Segel jedoch stammen von 1989 und bestehen aus Dacron. Hersteller sind die Segelmacher Murphy & Nye, Italien.*
*Die Rennbesatzung der* Emilia *beträgt mindestens zehn Mann.*

*Auf der Seite links Detailaufnahmen eines Kompasses und eines Schotblocks auf* Emilia. *Rechts unten auf dieser Seite der in Kirschholz gehaltene Salon an Bord der* Emilia, *eingerichtet von dem Architekten Piero Pinto. Der Salontisch ist ausklappbar. Hinter der Holzwand verbirgt sich eine aufklappbare Kombüse.*

*Die Fotos der* Emilia *auf diesen beiden Seiten zeigen das Schiff während der Veteran Boat-Rallye vor Porto Cervo auf Sardinien.*

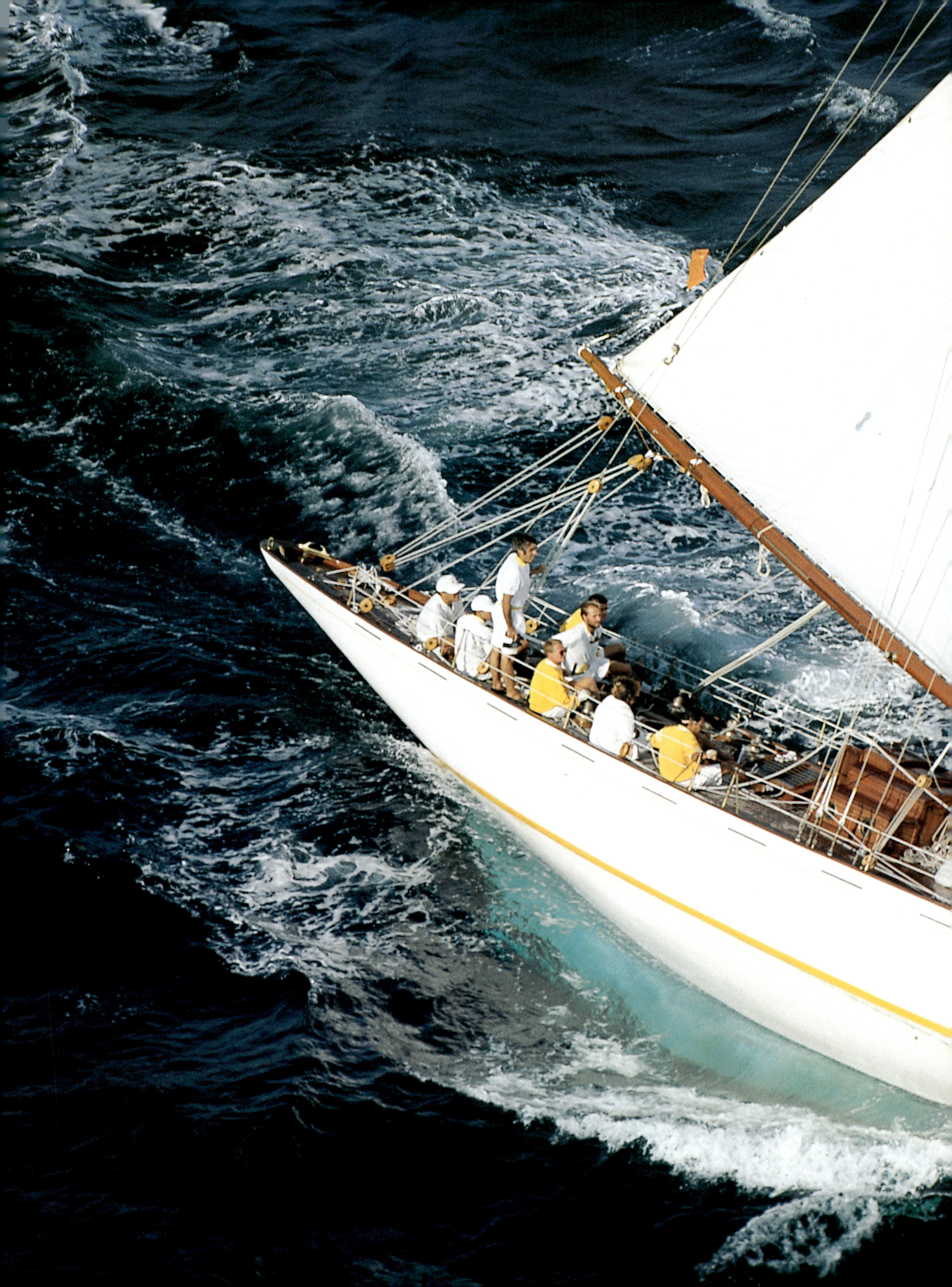

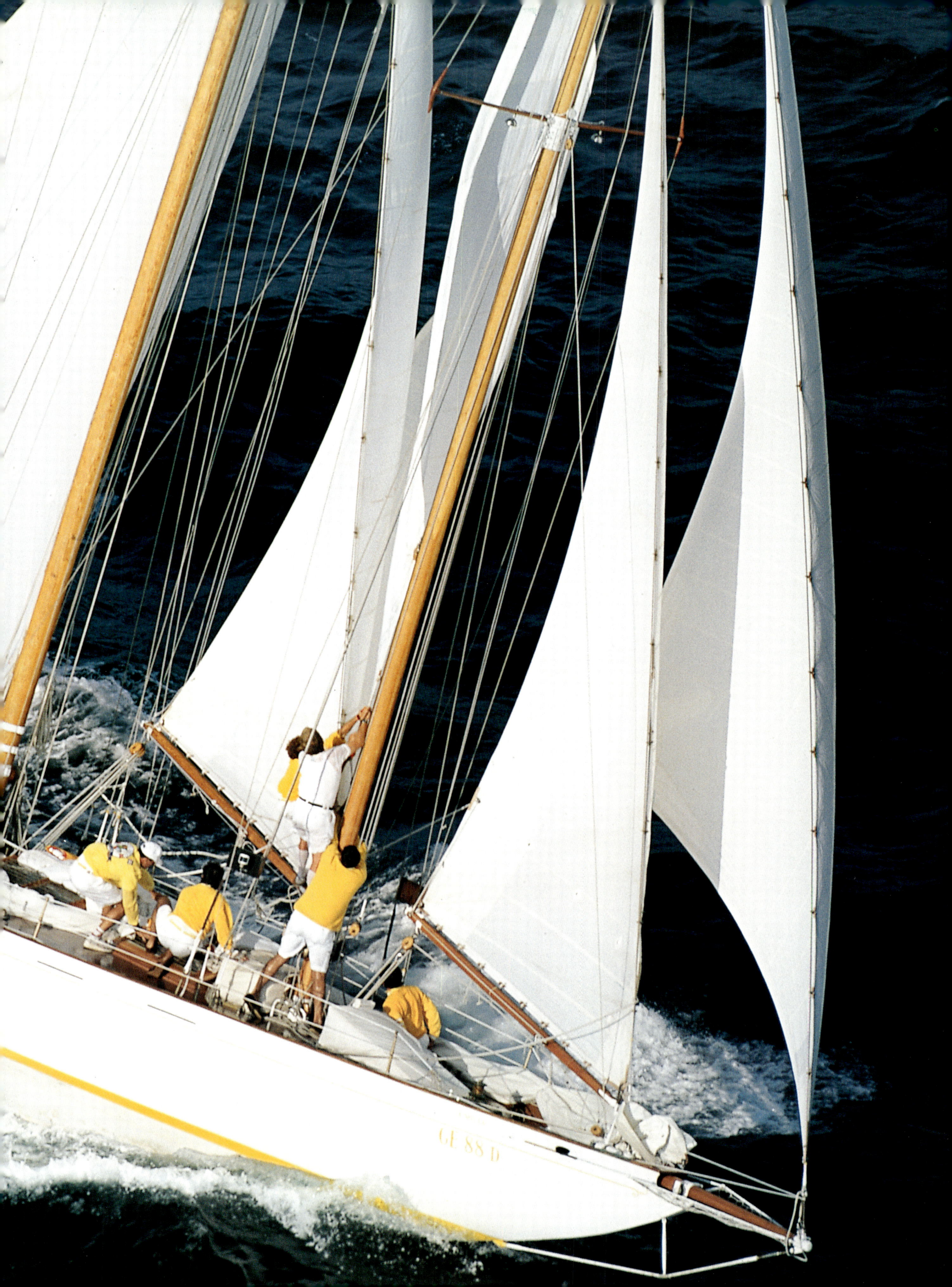

# EMILIA

*Eine frische Brise halben Winds und alle Segel gesetzt – so rauscht EMILIA auf der vorhergehenden Doppelseite durch das kristallklare Wasser des Mittelmeeres vor St. Tropez. Es war die erste Teilnahme der EMILIA an der Regattaserie Nioulargue. Die Aufnahme wurde aus dem Hubschrauber gemacht. Eigentlich ziehe ich es vor, Aufnahmen vom Wasser aus zu machen, aber in diesem Fall lag die letzte Wendemarke weit außerhalb der Bucht von St. Tropez, und der Wind wehte dort kräftiger. So weit hinaus gelangt man nur mit dem Helikopter. Es kamen viele schöne Aufnahmen der unterschiedlichsten Yachten an jenem Nachmittag zustande, doch die schönste zeigt EMILIA.*

EMILIA wurde 1930 in der Werft Costaguta in Genua Voltri gebaut. F. Herreshoff lieferte den Riß nach der Internationalen 12-Meter-Formel.
Giovanni Agnelli gab den Bau für seinen Schwiegersohn Carlo Nasi in Auftrag. Doch als die Arbeiten schon weit fortgeschritten waren, zog sich der Auftraggeber zurück, und Attilio und Mario Bruzzone übernahmen das in Bau befindliche Schiff. Sie entschlossen sich, das Rigg zu ändern und statt einer Slup einen Bermuda-Schoner daraus zu machen. Der Rumpf wurde mit Kupfer beschlagen, und am 16. September 1930 konnte die Yacht unter dem Namen EMILIA vom Stapel laufen.
In den folgenden Jahren wurde eine Reihe von Regatten mit dem Schiff unternommen, zumeist mit gutem Ergebnis. 1975 kam ein neuer Eigner ins Spiel, und er brachte EMILIA aus dem Tyrrhenischen Meer in die Adria.

Auf dem kleinen Foto auf Seite 78 oben rechts sieht man sie während der Herbst-Regattawoche in Triest. Es war ihre letzte Regatta vor der Generalüberholung auf der Werft von Beconcini. Unter einem wiederum neuen Eigner erscheint EMILIA 1990 erstmals bei der Veteranen-Regatta vor Porto Cervo. Man kann auf diesen Aufnahmen recht gut vergleichen, welche Verwandlung das Schiff nach der Überholung durchgemacht hat. Bei der Oldtimer-Regatta vor Imperia erhielt das Schiff sogar einen Preis als eleganteste teilnehmende Yacht.
Das Bild auf Seite 78 oben links zeigt die Achterkabine der EMILIA, unten links ein Barometer im Deckshaus. Schließlich zeigt das kleine Foto auf dieser Seite das Kompaßgehäuse aus Messing im Cockpit und darunter noch einmal eine Ansicht der Messe mit der geschlossenen Kombüse.

| | |
|---|---|
| Rigg | Kutter, J-Klasse |
| Länge über alles | 39,65 m |
| Länge in der Wasserlinie | 26,53 m |
| Breite | 6,71 m |
| Tiefgang | 4,55 m |
| Verdrängung | 162 t |
| Maschine | Caterpillar, 402 PS |
| Segelfläche | 558 m² |
| Segelmacher | Hood, Newport / RI |
| Stapellauf | 1934 |
| Bauwerft | Camper & Nicholson, Gosport |
| Konstrukteur | Charles E. Nicholson |
| Restauration | Royal Huisman Shipyard, Vollenhove, 1984 – 1989 |

# ENDEAVOUR

# ENDEAVOUR

*ENDEAVOUR wurde 1934 auf Rechnung des Flugzeugkonstrukteurs Sir T.O.M. Sopwith bei Camper & Nicholson gebaut – und zwar als offizielle britische Herausforderin für den America's Cup. Deckslayout und Ausrüstung entsprachen der modernsten Technik der Zeit und entstanden mit Hilfe der Flugzeugfirma Hawker, deren Besitzer Sopwith war.*

*Der Flugzeugingenieur Frank Murdoch entwickelte dafür ein ganz neues Winschsystem mit Manometern, über die sich die Backstagen kontrollieren ließen.*

*ENDEAVOUR gewann ihre ersten Regatten gegen andere britische Yachten problemlos. Aber gegen die amerikanische Verteidigerin RAINBOW hatte sie keine Chance, und so blieb der Pokal in Amerika. Am Ende der J-Boot-Ära erlosch auch das Interesse an ENDEAVOUR. Am Ende des Zweiten Weltkriegs war das Schiff vergessen. Der Rumpf lag, halb im Schlick versunken, im Medina River der Isle of Wight, nahe Cowes. Irgendwann verfrachtete man sie in einen Schuppen, wo sie bis 1984 blieb.*

*Dann erwarb die amerikanische Unternehmerin Elizabeth Meyer das Schiff und investierte zehn Millionen Dollar und fünf Jahre Arbeit in den Klassiker. Den Auftrag für den Wiederaufbau der Yacht erhielt die holländische Werft Royal Huisman Shipyard. ENDEAVOUR segelt heute wieder in ihrer alten Schönheit und ist im Sommer oft im Mittelmeer zu sehen, wo sie als Charteryacht eingesetzt wird.*

*Das Rigg, das die Yacht heute trägt, ist mit dem Original nur noch in den Abmessungen, nicht in den Materialien zu vergleichen. Um als Charteryacht zu segeln, mußte man die Bedienung der Segel vereinfachen und automatisieren. Die Eignerin selbst nimmt mit der berühmten Rennyacht nach wie vor an Regatten teil. Wo immer eine bedeutende Regattawoche für klassische Yachten veranstaltet wird, ist ENDEAVOUR meist nicht fern. Auf jedem der Fotos auf diesen beiden Seiten sieht man das Schiff in Konkurrenz zu einem Gegner. Das Bild unten zeigt sie auf Kreuzkurs mit Eric Tabarlys PEN DUICK 1992. Die Aufnahme rechts unten entstand vor Antigua in der Karibik.*

ENDEAVOUR im Zweikampf mit der modernen America's Cup-Yacht VILLE DE PARIS zeigt das große Bild auf dieser Seite. Das Duell wurde im Oktober 1992 während der Nioulargue in St. Tropez organisiert.

Im Jahr zuvor segelte ENDEAVOUR gegen CANDIDA – auf dem oberen Foto zu sehen, einem weiteren J-Boot, das in Italien renoviert wurde. Und auf dem kleinen Foto unten sehen wir ENDEAVOUR in Luv des J-Bootes SHAMROCK V, bei dem Senator Ted Kennedy am Ruder steht. Das Duell wurde 1989 vor Boston/USA ausgetragen. Stets blieb ENDEAVOUR Siegerin.

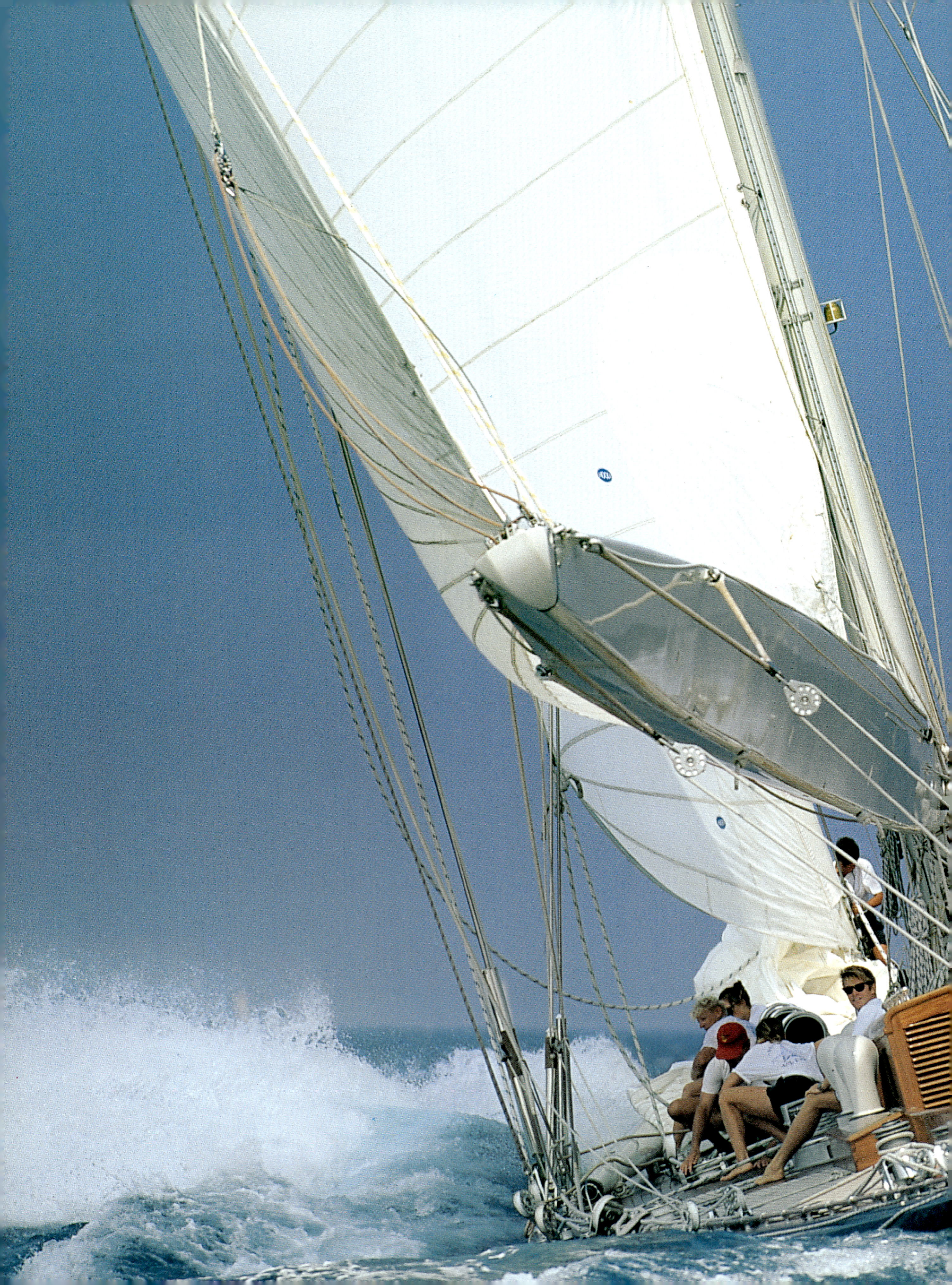

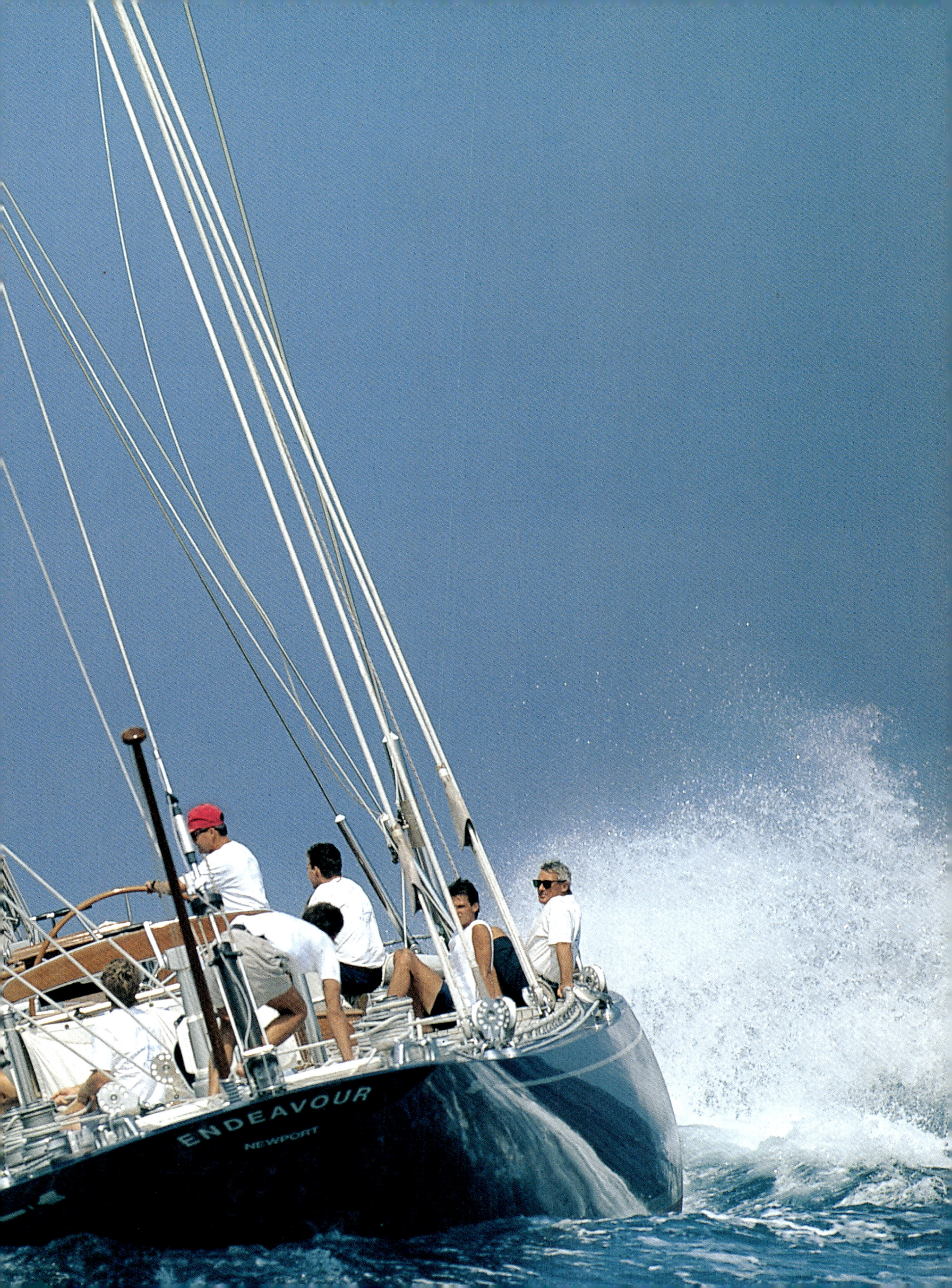
ENDEAVOUR
NEWPORT

ENDEAVOUR

Wir sehen auf der vorhergehenden Doppelseite ENDEAVOUR aufkreuzend bei der Oldtimer-Regatta in Porto Cervo, Sardinien, 1991. Besonders auffallend ist der gewaltige, dreikantige, aus Aluminium gebaute Großbaum. Wegen seiner Breite von 1,22 Metern wird er „Park Avenue-Baum" genannt. Zwei Leute können bequem nebeneinander die 19,22 Meter Länge abschreiten.

Dieser Baum wurde 1934 von Frank Murdoch entwickelt und in Holz gebaut. Er versprach sich davon eine bessere aerodynamische Wirkung bei unterschiedlichen Windbedingungen. Durch einen Gleitmechanismus ließ sich das Unterliek des Großsegels strecken. Das alte Patent wurde beim Nachbau des Baumes nicht berücksichtigt.

*Der Rumpf der ENDEAVOUR besteht aus genieteten Stahlplatten auf Stahlspanten, das Deck wurde wie üblich in Teak verlegt. An Deck kann man 25 Winschen zählen, alle bestehen aus Inox-Stahl, was einen sehr regattamäßigen Eindruck macht.*
*Das große Bild auf der linken Seite zeigt die Yacht aus der Hubschrauber-Perspektive während der Nioulargue 1992. Die Rennbesatzung beträgt zwischen 30 und 40 Mann, die besonders dann benötigt werden, wenn der 1000 Quadratmeter große Spinnaker geborgen werden muß, wie auf dem kleineren Foto darüber zu erkennen. Die Inneneinrichtung besteht aus Kirschholz in entsprechend sauberer Verarbeitung. Für den Boden wurde Oregon Pine verwendet. Die stählernen Decksbalken wurden weiß lackiert, um den Räumen mehr Helligkeit zu geben.*

*ENDEAVOUR trug in ihrer Jugendzeit den Kosenamen „Darling Jade". Im America's Cup 1934 besiegte sie die Verteidigerin RAINBOW immerhin zweimal – so erfolgreich war bis dahin noch keine Herausforderin gewesen. Erst 1983 war ein Schiff noch besser. Es hieß AUSTRALIA und gewann den Cup des New York Yacht Club.*
*Die Inneneinrichtung entspricht dem hohen Baustandard der Yacht. Links oben auf S. 86 sehen wir eine Ecke der Messe. An der Wand hängt der Heckspiegel der J-Yacht RANGER, die man lange für eines der überragenden Designs von Olin Stephens hielt. Erst später stellte sich heraus, daß sein Büromitarbeiter W. Starling Burgess den Riß gezeichnet hatte. ENDEAVOUR ist das einzige J-Boot, das RANGER geschlagen hat und zwar während einer Trainingsregatta 1937.*
*Die beiden unteren Aufnahmen auf dieser Seite zeigen links eine Ecke in der Achterkabine und rechts den Salon mit Bibliothek und einem Kamin aus Marmor.*

| | |
|---:|:---|
| Rigg | Ketsch |
| Länge über alles | 22,78 m |
| Länge in der Wasserlinie | 18 m |
| Breite | 5 m |
| Tiefgang | 3,10 m |
| Verdrängung | 46 t |
| Maschine | Perkins, 135 PS |
| Segelfläche | 228,64 m² |
| Stapellauf | 1929 |
| Bauwerft | George Lawley & Sons, Neponset / Mass. |
| Konstrukteur | John G. Alden |
| Restauration | Tortola, Virgin Islands |

# KARENITA

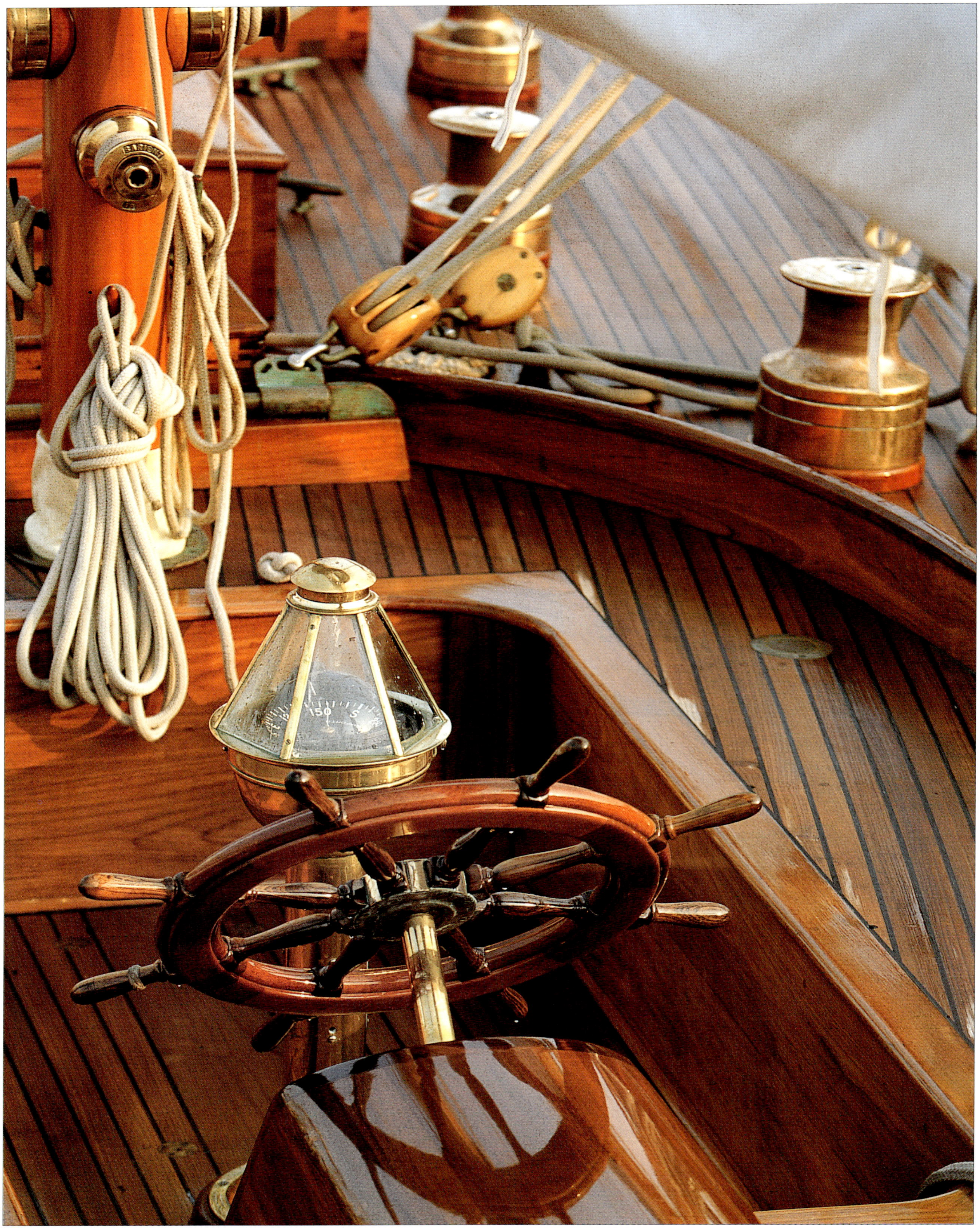

Unter den vielen Eignern der KARENITA war der Abenteuer-Schauspieler Errol Flynn sicher der berühmteste. Er war nicht nur im Film ein Abenteurer, sondern auch im Leben. Der gebürtige Australier hatte immer eine Liebe für die See. Er erwarb das Schiff 1938 und gab ihm den Namen SCIROCCO, den gleichen wie seinem ersten Schiff, einem 13-Meter-Segler, den er, ohne sich genau zu erinnern, betrunken gekauft hatte.

Schon zwei Jahre später verkaufte Flynn seine KARENITA. Er war überzeugt, daß der Namenswechsel weniger dem Schiff als seiner Filmkarriere Unglück gebracht habe. Er pflegte zu sagen: „Seeleute sollten keine Albatrosse und Delphine töten, und nie dürfen sie einem Schiff einen neuen Namen geben". Später kaufte er sich die Yacht ZACA, die derzeit auf der Werft I.M.S. in Toulon restauriert wird.

Ruderrad und Kompaß sowie einen Ausschnitt des Cockpits der KARENITA sehen wir auf dem großen Foto links. Das Ruderrad aus Mahagoni ist in der damals üblichen Weise um 45 Grad geneigt. Messing ist das vorherrschende Metall des Kompaßgehäuses. KARENITAS Rumpf hat ein sehr geringes Freibord; hoch am Wind wird es schnell naß an Deck. Aus diesem Grund ist das Cockpit von einem zusätzlichen Waschbord geschützt. Das kleine Bild oben zeigt die perfekte Rundung einer Windhutze aus Messing. Auf dem größeren Bild sehen wir KARENITA in Lee der ORION, bei leichtem Wind und Dünung. Rechts erkennt man zu Luv die PEN DUICK während der Oldtimer-Regatta von Imperia 1992.
KARENITA ist ein John Alden-Design und wurde auf der Werft George Lawley gebaut.

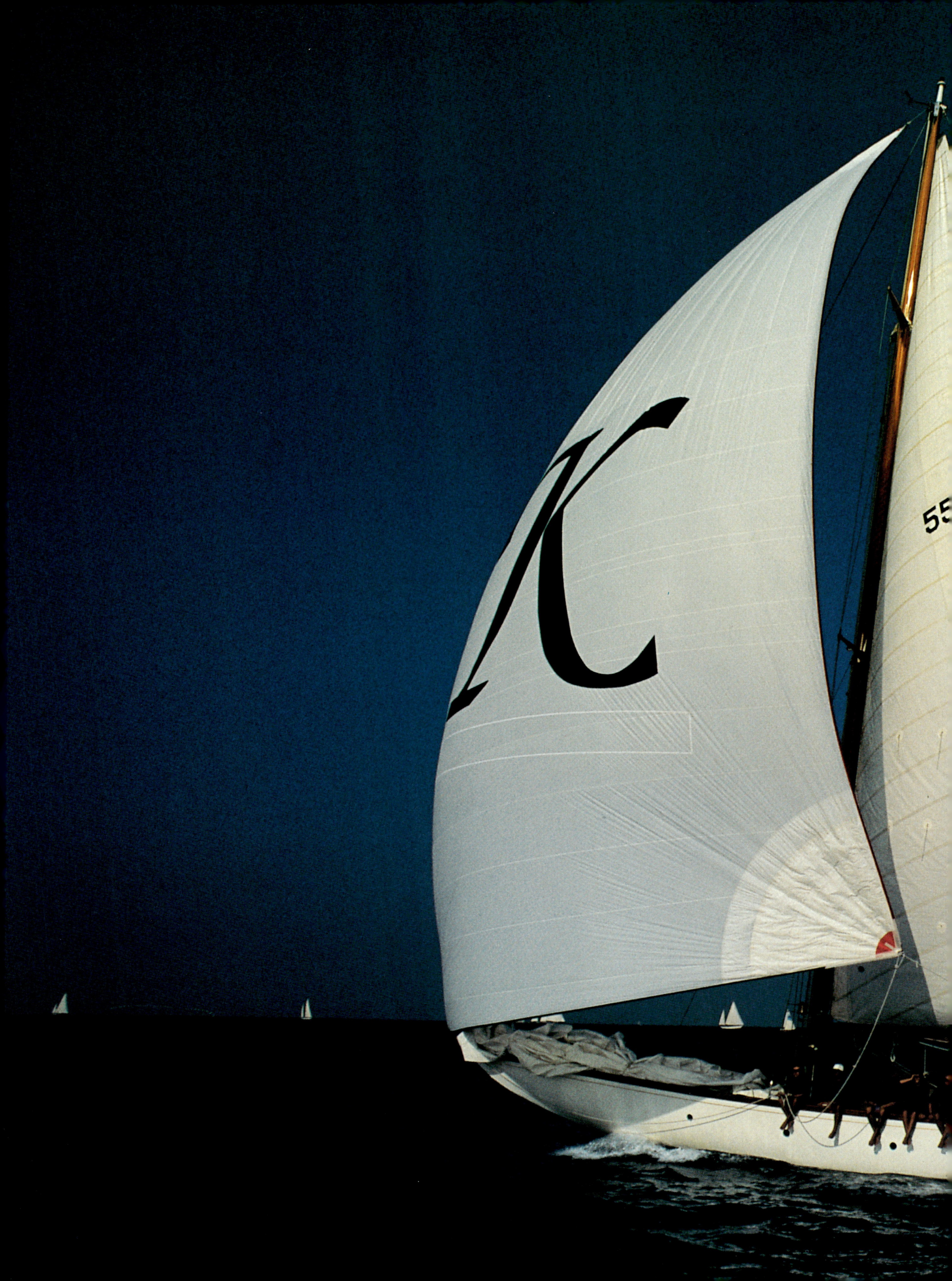
55

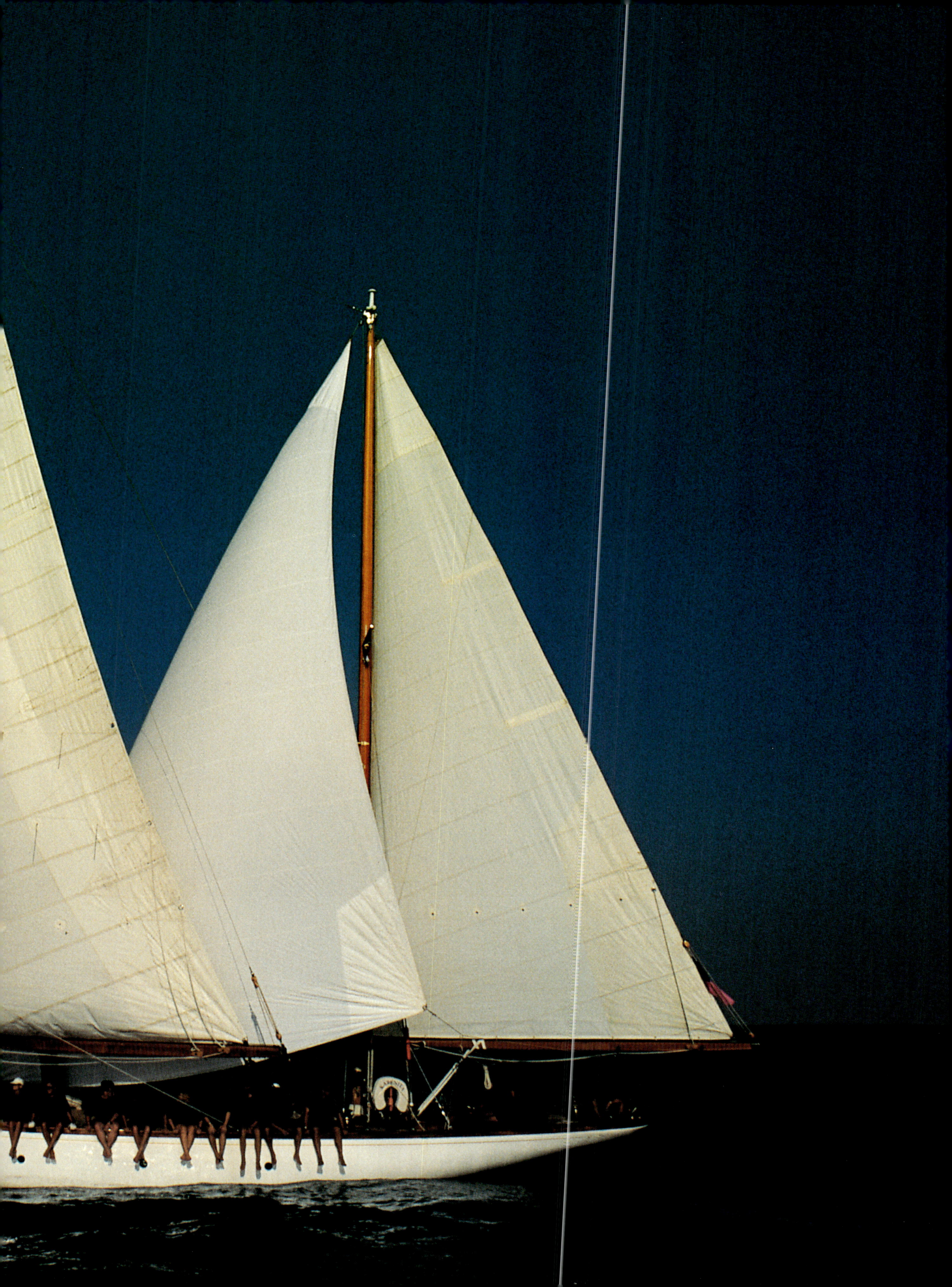

# KARENITA

Die vorhergehende Doppelseite zeigt KARENITA unter Segeln in der Abendbrise auf dem Weg nach St. Tropez, ihrem Heimathafen seit 1990. Restauriert wurde sie im Jahr zuvor in Tortola auf den Jungferninseln in der Karibik, wo sich eine Reihe sehr erfahrener Bootsbauer aus Florida, England und von der Pazifikküste zusammengefunden haben.

Wer sich mit der Restaurierung befaßt, sei er Eigner oder Bootsbauer, darf sich nicht nur mit der Vergangenheit beschäftigen, denn mit solch einem Schiff hält gerade die Zukunft Abenteuer für ihn bereit.

KARENITA hatte das Glück, einen Eigner zu bekommen, der sie in bestem Zustand hält und dabei oft segelt. Bei der Yacht-Rallye von Imperia hatte sie einen vielbeachteten Auftritt und selbstverständlich auch bei der Nioulargue. Die Bilder auf der linken Seite entstanden anläßlich dieser Regatten: Das große Foto zeigt den Salon der Yacht in Honduras-Mahagoni der ursprünglichen Einrichtung entsprechend nachempfunden. Lange Zeit lag KARENITA in Tortola vergessen an Land. Die Decksbeplankung und die Inneneinrichtung wurden gestohlen. Die Decksbalken wurden später in venezolanischem Angelica-Holz nachgefertigt. Dieses Holz ist besonders hart.

Wie alle Konstruktionen von John Alden verfügt KARENITA über einen ausgesprochen kräftigen und soliden Rumpf, doch unterscheiden sich die Linien dieses Schiffes erheblich von seinen anderen Designs. Die langen Überhänge des Stevens und Hecks stehen im Gegensatz zu den Linien seiner Schoner.
Kiel und Spanten sind aus Eiche gebaut und mit Mahagoni beplankt.
Das kleine Bild unten auf dieser Seite zeigt die Achterkajüte.

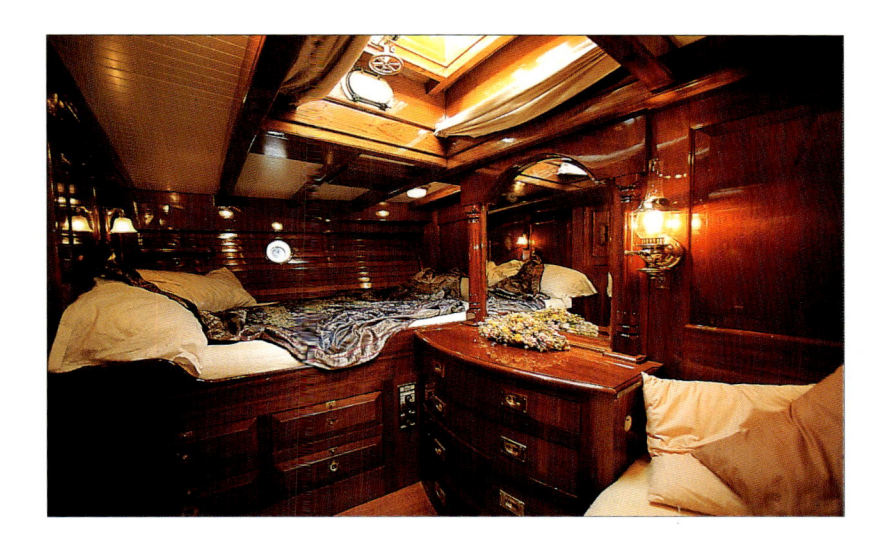

| | |
|---:|:---|
| Rigg | Kutter |
| Länge über alles | 35,71 m |
| Länge in der Wasserlinie | 24,21 m |
| Breite | 6,25 m |
| Tiefgang | 4,80 m |
| Verdrängung | 150 t |
| Segelfläche | 760 m² |
| Segelmacher | Murphy & Nye, La Spezia |
| Stapellauf | 1929 |
| Bauwerft | Camper & Nicholson, Gosport |
| Konstrukteur | Charles E. Nicholson |
| Restauration | Cantiere Beconcini, La Spezia 1989 |

# CANDIDA

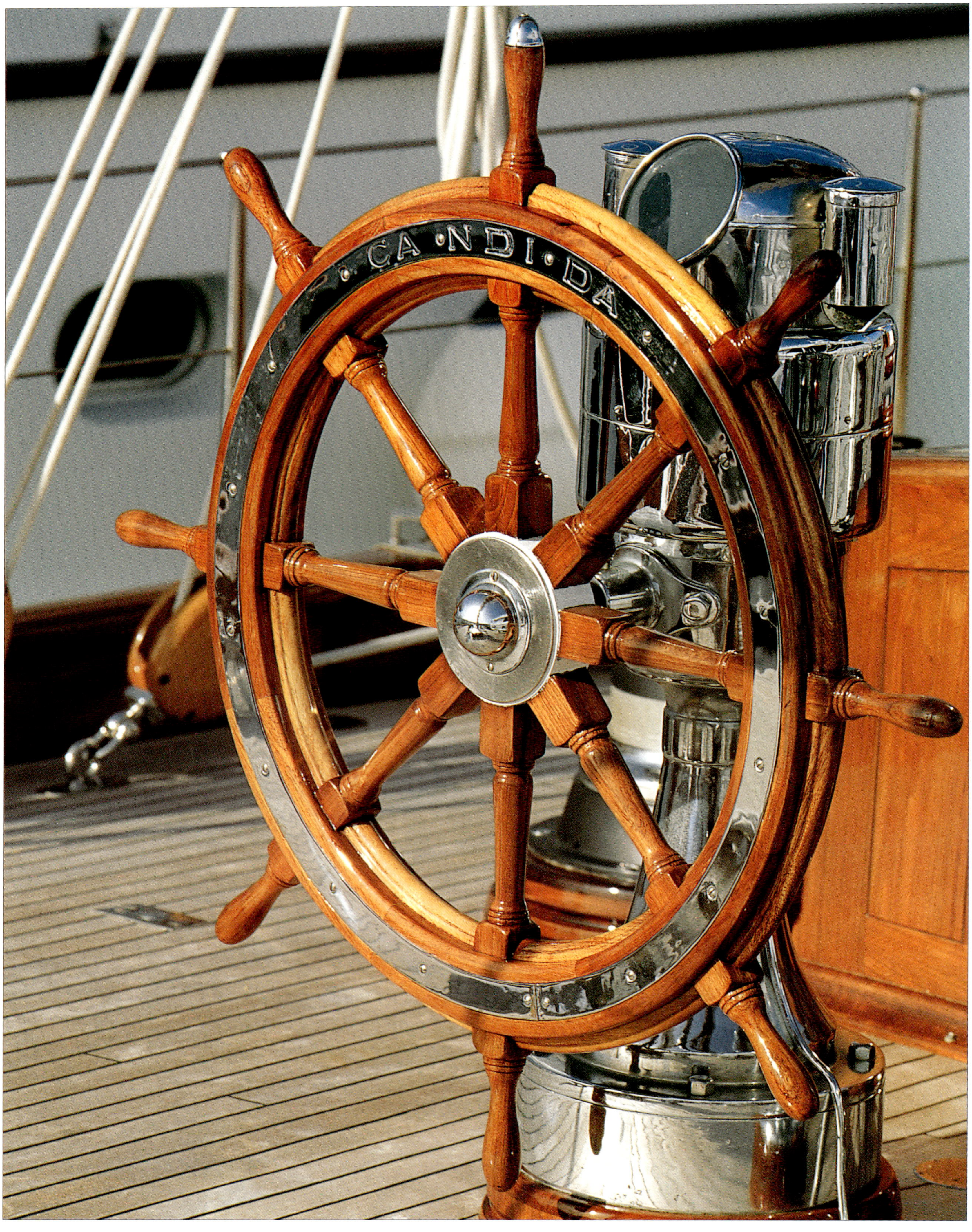
CA·NDI·DA

*Ausnahmsweise einmal nicht Messing sondern Chrom wurde für das Kompaßgehäuse und den Beschlag des Ruders der CANDIDA verwendet. Es sind die einzigen Originalteile, die an Deck der CANDIDA übrig geblieben sind. Im Rahmen der Überholung wurden einige bedeutende Umbauten an diesem Schiff der J-Klasse vorgenommen.*

*Puristen haben besonders an den überdimensionalen elektrischen Winschen Anstoß genommen. Andererseits ist ein Schiff dieser Größe heute anders kaum noch zu manövrieren. Schließlich sollte man die Vorschriften über die Sicherheit an Bord nicht ganz außer acht lassen. Bei der Modernisierung eines Oldtimers muß also immer nach dem besten Kompromiß gesucht werden.*

*Die Fotos auf dieser Seite zeigen CANDIDA unter Segeln. Für den Fotografen ist es eine schwierige Aufgabe, besonders wenn er mit einer automatischen Kamera unterwegs ist. Die riesige, in der Sonne hell aufleuchtende Segelfläche irritiert den Belichtungsmesser, so daß die Aufnahmen meistens unterbelichtet werden – und das ist schließlich schade um so ein schönes Objekt. Vorraussetzung für ein gutes Bild ist also eine manuelle Einstellung der Belichtung.*

*Welche komplizierte Vorrichtung nötig ist, um den Großbaum dieser Yacht zu kontrollieren, sehen wir auf dem kleinen Bild unten: Die Großschot läuft durch sechs dicke Blöcke.*

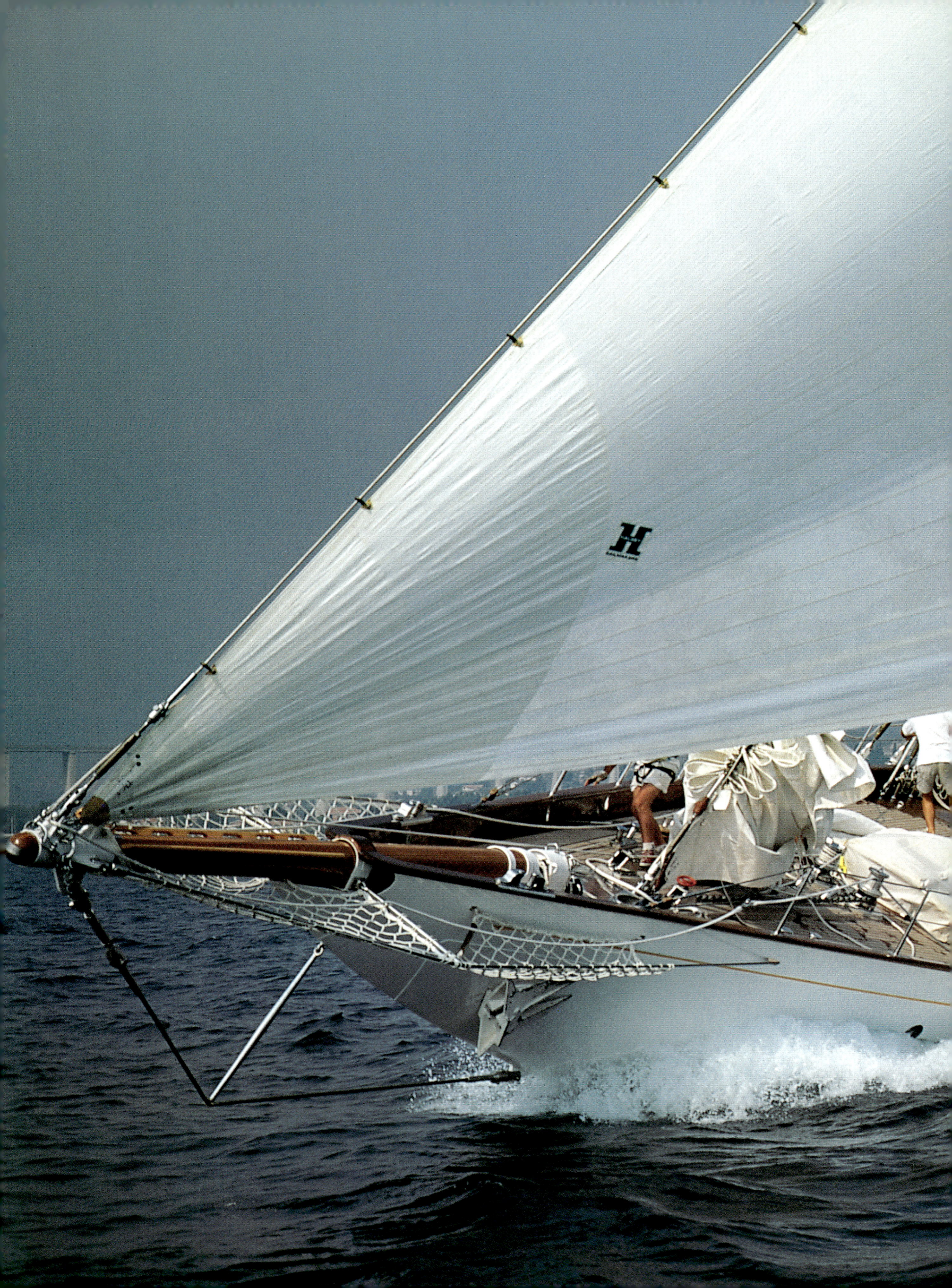

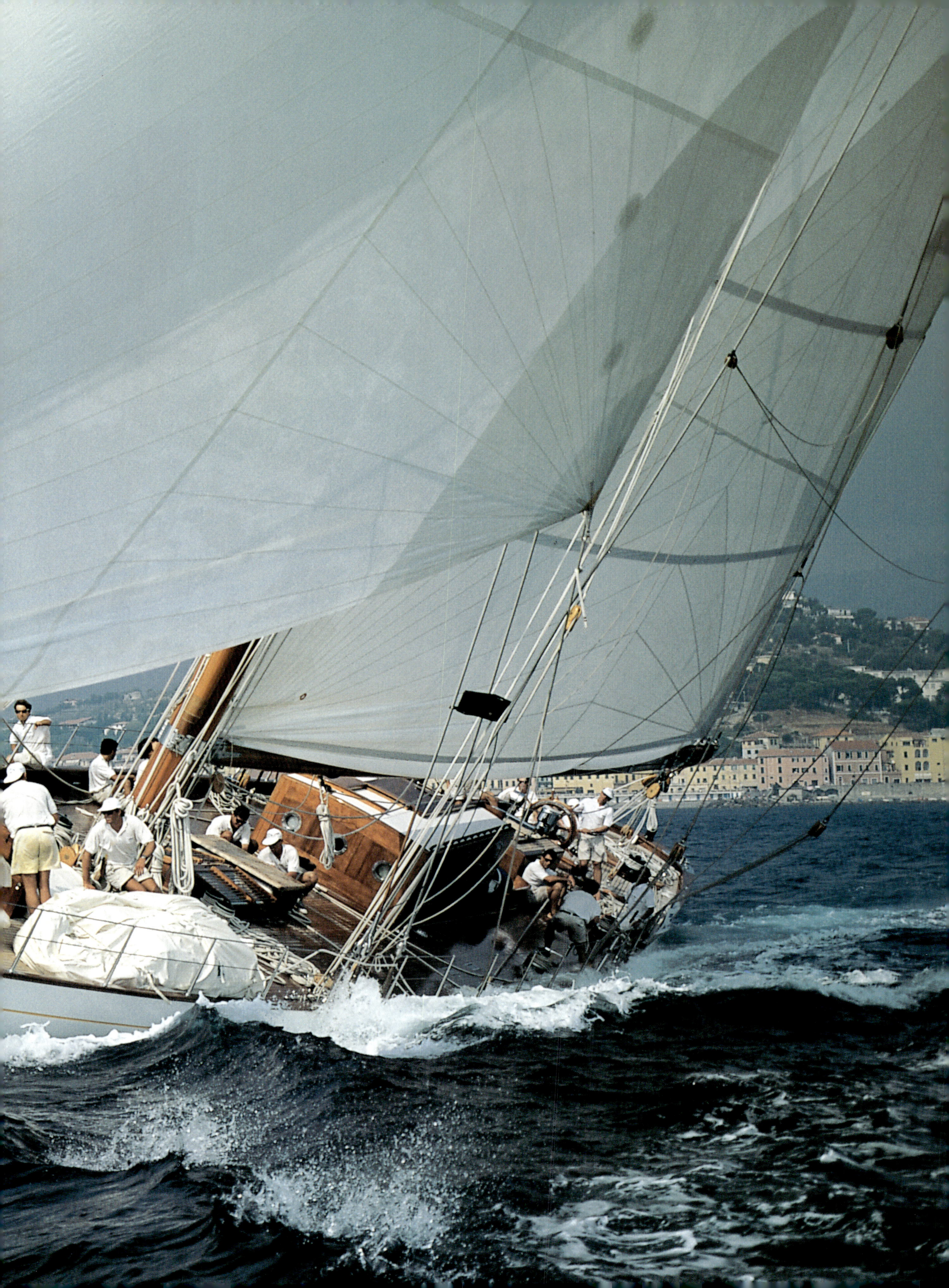

CANDIDA

*Auf der vorhergehenden Doppelseite sehen wir* CANDIDA *hoch am Wind vor dem italienischen Mittelmeerhafen Imperia im September 1991. Damals war sie nach einer vollständigen Restaurierung gerade von der Beconcini-Werft abgeliefert worden. Wie fast alle bedeutenden Yachtklassiker hatte sie an den Veteranen-Regatten vor Porto Cervo und Imperia teilgenommen.*

*Vor der Restaurierung war sie als Yawl gerigt, wie auf dem Foto oben rechts zu erkennen. Dafür hatte 1938 der frühere Eigner Fred Milburn gesorgt, der keine Regattayacht, sondern eine leichter zu segelnde Fahrtenyacht haben wollte. Im Rahmen dieser Modifikation verringerte man damals auch das Kielgewicht und den Tiefgang der Yacht.*

*Das große Foto auf der linken Seite zeigt* CANDIDA *nach einem Regattatag der Nioulargue 1991 beim Einlaufen in den Hafen von St. Tropez. Im Hintergrund sind, von der Abendsonne beleuchtet, die Segel des Dreimastschoners* ADIX *zu erkennen.*

*Die Bootsbaumeister der Beconcini-Werft haben das Teak-Deck vollständig erneuert, ebenso die Decksbalken und das Deckshaus. Neu sind schließlich der hohle Holzmast und der Klüverbaum mit dem Stampfstag. Das Mast aus Douglas Pine hat eine Länge von 48 Metern, der Baum eine Länge von 18 Metern. Der Spinnakerbaum ist, um ihn möglichst leicht und stabil zu halten, aus Kohlefaser mit einem Douglas Pine-Furnier hergestellt.*

*Zwei der Aufnahmen links zeigen das Schiff unter Deck. Die Messe ist ziemlich einfach eingerichtet, wobei matt glänzend lackiertes Honduras-Mahagoni die Hauptrolle spielt. Ganz oben links ist eine Wandvertäfelung zu erkennen, als Schmuck aufgemalt sind blinde Regale mit Büchern. Auf dieser Seite sieht man* CANDIDA *Bord an Bord mit dem J-Boot* ENDEAVOUR *segeln und zwar während der Nioulargue 1991. Die Giganten der J-Klasse, wie* ENTERPRISE, RAINBOW *und die legendäre* RANGER, *wurden in den dreißiger Jahren allesamt auf amerikanische Rechnung für den America's Cup gebaut. Sie existieren heute nicht mehr. Was die Zerstörung durch galvanische Ströme von den Rümpfen übriggelassen hatte, wurde in den Kriegsjahren eingeschmolzen.*

*Die in Europa entstandenen J-Boote waren stärker gebaut oder hatten einfach mehr Glück. Sie überlebten vergessen im Schlick irgendwelcher englischen Häfen und Flüsse, bevor Liebhaber sie wiederentdeckten.*

ENDEAVOUR, VELSHEDA *und* SHAMROCK V *wurden allesamt nach 1930 gebaut. Sie waren nach der Universal Rule, der Vermessungsformel für den America's Cup, entstanden und sind die letzten Überlebenden der J-Klasse.*

*Die Yachten* CANDIDA, ASTRA *und* CAMBRIA *sind vor 1930 gebaut worden und in den Abmessungen etwas kleiner. Um in die J-Klasse zu passen, mußten sie modifiziert werden.*

| | |
|---:|:---|
| Rigg | Gaffelkutter |
| Länge über alles | 30,45 m |
| Länge in der Wasserlinie | 18,70 m |
| Breite | 4,68 m |
| Tiefgang | 3,24 m |
| Verdrängung | 67 t |
| Maschine | Perkins, 120 PS |
| Segelfläche | 566 m² |
| Stapellauf | 1903 |
| Bauwerft | W. Fife & Sons, Fairlie |
| Konstrukteur | W. Fife Jr. |
| Restauration | Camper & Nicholson, Gosport 1983 |

# MOONBEAM

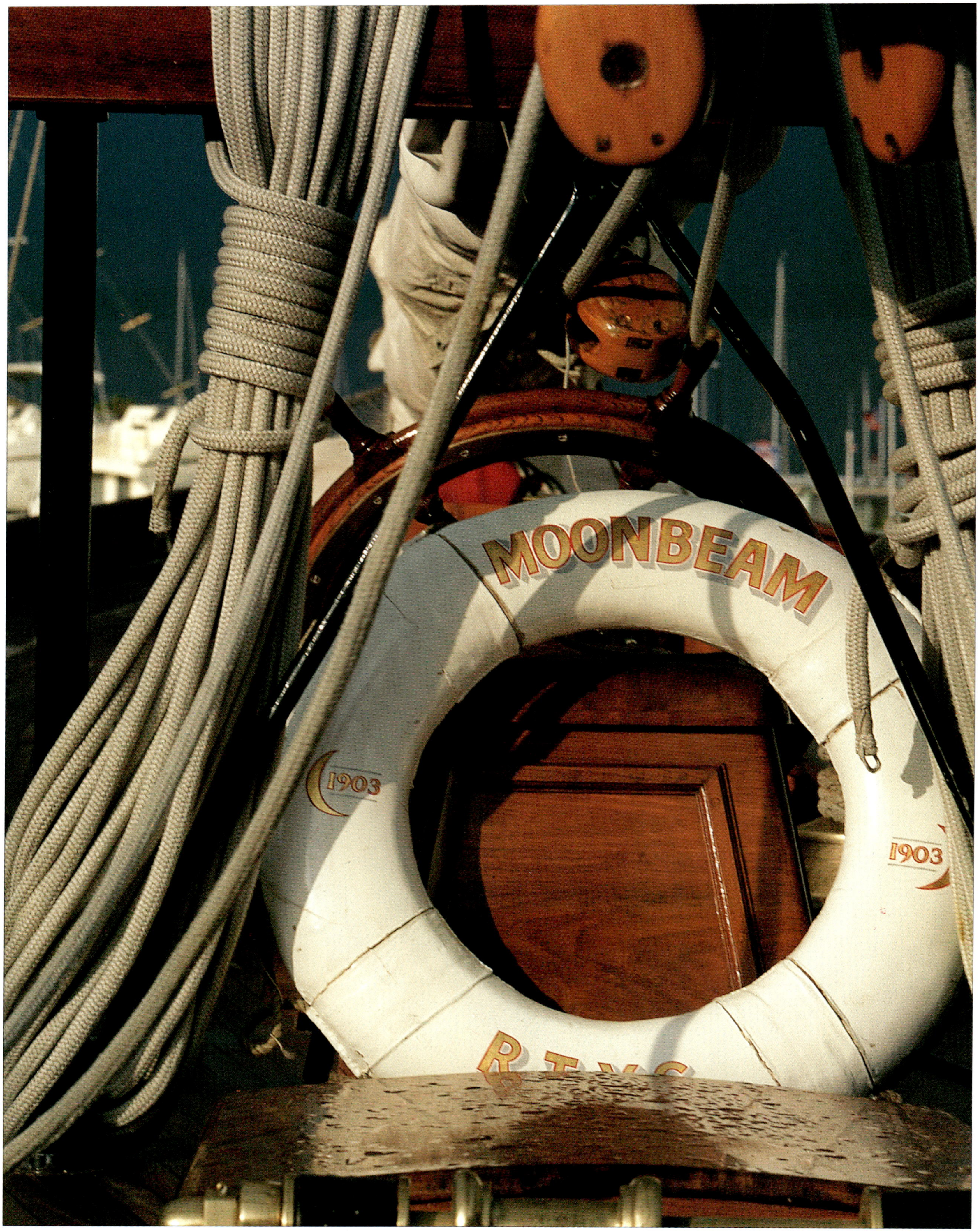
MOONBEAM
1903
1903

*Die Eignerkabine ist auf dem kleinen Bild links zu sehen. Sie liegt nahezu mittschiffs neben dem Niedergang. Der Mast und die Schotblocks wurden von Harry Spencer hergestellt, und sämtliche Bronzeteile kommen von Wessex Castings Techniques. MOONBEAM wurde 1983 restauriert und zwar in England auf der Werft von Camper & Nicholson. Danach nahm die Yacht wiederum an Regatten vor Cowes teil. Kaum zu glauben, aber noch 1988 gewann sie, eine der ältesten Vertreterinnen des Segelsports, in der Klasse der Oldtimer die Regatta um die Isle of Wight. Vor dem Wind kann das Schiff mehr als 900 Quadratmeter Segel tragen. Das Deck hat eine Länge von 24,5 Metern, und die Länge in der Wasserlinie beträgt 18,7 Meter. Allein der Überhang am Heck beträgt nahezu vier Meter!*

*MOONBEAM wurde 1903 in Fairlie/Schottland auf der Werft von William Fife & Sons gebaut. Das Design stammt von William Fife Jr. Der erste Eigner des Schiffes hieß Charles Plumtree Johnson, der sich bereits 1858 eine MOONBEAM von Großvater Fife hatte bauen lasse. Die 1903 entstandene neue MOONBEAM segelte ihre ersten Regatten im Solent vor Cowes, wo sie eine Reihe von Pokalen errang und als besonders schnelles Schiff galt. In den zwanziger Jahren ging sie in französischen Besitz über. Nach wie vor gewann sie in der Bretagne und im Mittelmeer Regatten. Auf dem großen Foto links wird das Heck der MOONBEAM von einem Sunbeam, einem Sonnenstrahl, beleuchtet. Das kleine Bild rechts zeigt das Ledersofa und die Spiegelgalerie im Salon.*

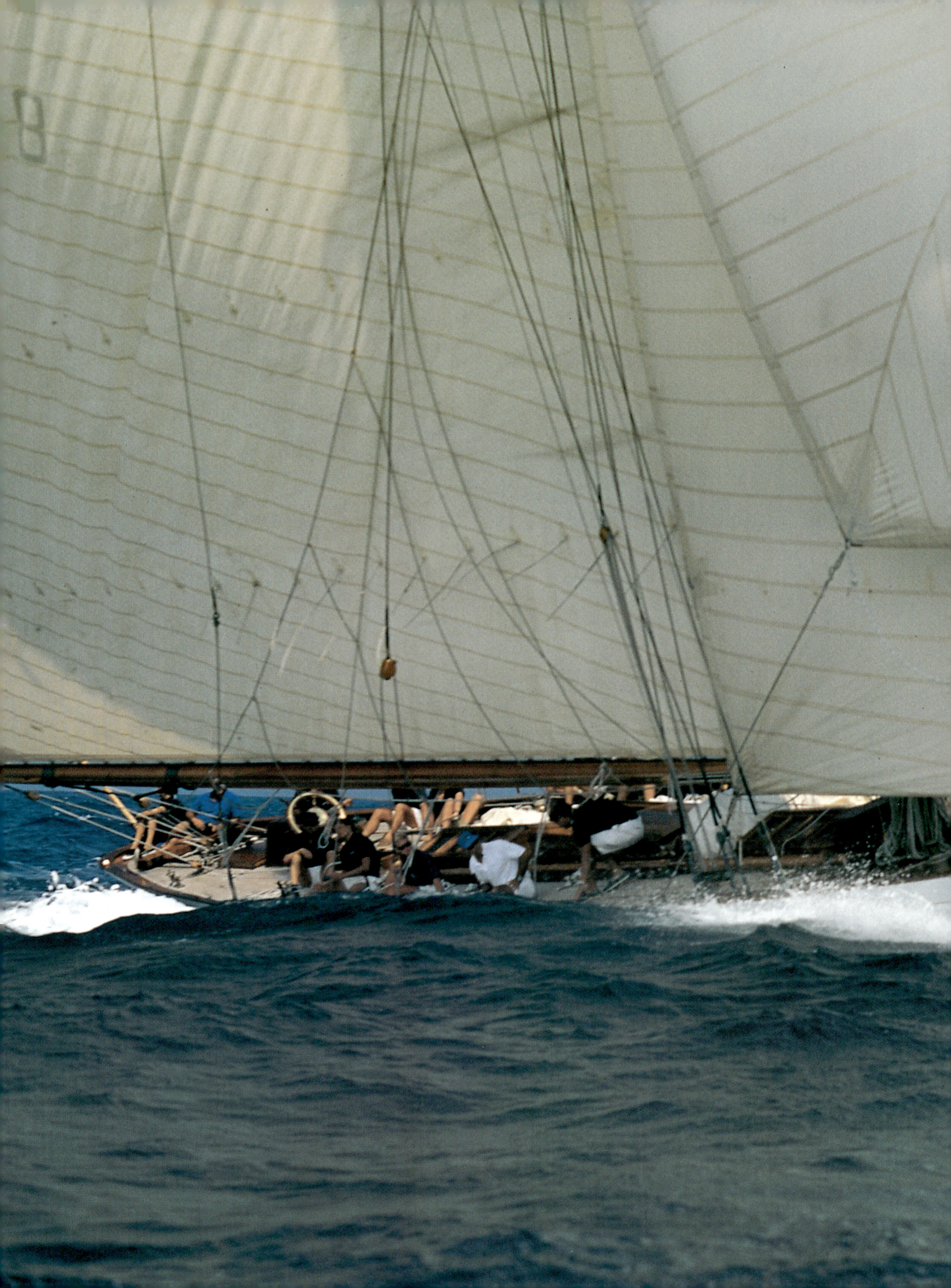

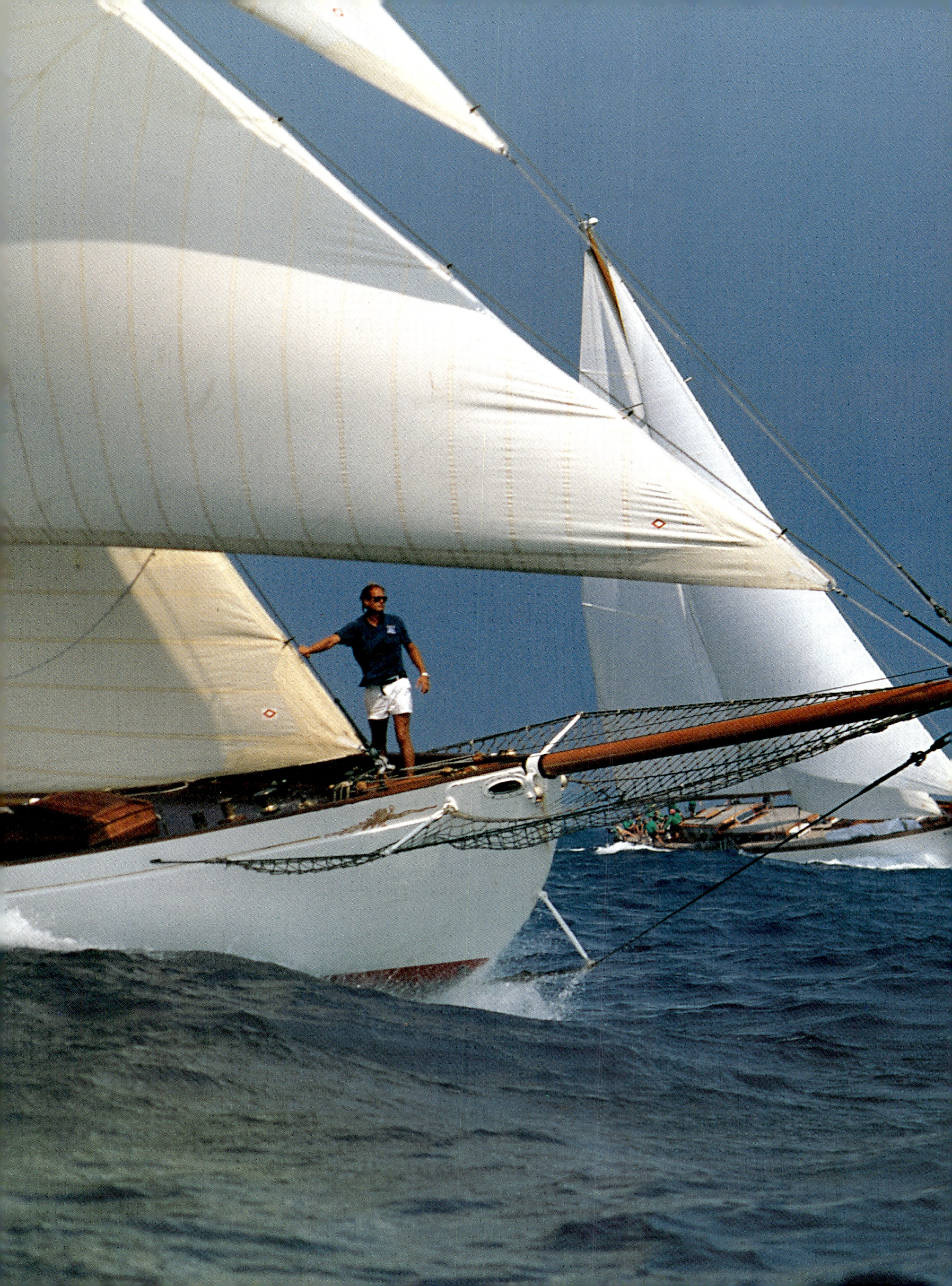

# MOONBEAM

Wir sehen auf der vorhergehenden Doppelseite MOONBEAM in den Gewässern vor Porto Cervo/Sardinien während einer Oldtimer-Regatta 1991. Man spürt die Kraft, mit der die Yacht die Wellen durchschneidet. Kaum zu glauben, daß dieses Schiff schon 90 Jahre alt ist. Wo immer im Mittelmeer die Yacht auftaucht, ist ihr die Bewunderung der Zuschauer und der Konkurrenten sicher.

Das kleine Bild auf dieser Seite oben links zeigt das Ruder aus Mahagoni. Es entspricht übrigens nicht dem Original, denn ursprünglich wurde mit einer Pinne gesteuert. Rechts daneben ist die Achterkabine zu erkennen, auch als Damenzimmer bekannt. Hier schlafen die Gäste des Eigners in einer versetzten Doppelkoje. Auf den beiden Fotos rechts wird der Salon gezeigt, der Raum mit dem maritimen Motiv an der Wand ist die Navigationsecke mit dem Kartentisch.

*Alle maschinellen Antriebsgeräte und elektronischen Navigationsinstrumente sind so versteckt an Bord untergebracht, daß der ursprüngliche Eindruck der Yacht ungestört bleibt. An die Bestimmung als Rennyacht erinnert das nahezu glatte Deck ohne störende Aufbauten. Acht Winschen mit Bronzetrommeln stehen an Deck, nur einige davon sind elektrisch betrieben. MOONBEAM ist derzeit als Gaffelkutter getakelt, wobei die Spieren aus Spruce hergestellt sind. Ursprünglich trug das Schiff eine Yawl-Takelung. MOONBEAM wurde in ihrem langen Leben mehrfach restauriert.*

*Der Rumpf besteht aus Teakholz auf Eichenspanten. Unter Deck herrscht Mahagoni vor, wobei die Spiegelgalerie mit vielen Lichtreflexen und die weiß lackierte Decke für eine gute Beleuchtung sorgen. Am ungewöhnlichsten sind jedoch ihre Linien, der elegante Löffelbug und der außerordentliche Überhang am Heck – das extreme Verhältnis von Länge zu Breite gibt ihr eine zeitlose Form der Eleganz.*

| | |
|---:|:---|
| Rigg | Kutter, J-Klasse |
| Länge über alles | 38,84 m |
| Länge in der Wasserlinie | 25,35 m |
| Breite | 6,52 m |
| Tiefgang | 4,56 m |
| Verdrängung | 167 t |
| Maschine | Caterpillar, 402 PS |
| Segelfläche | 702,5 m² |
| Stapellauf | 1933 |
| Bauwerft | Camper & Nicholson, Gosport |
| Konstrukteur | Charles E. Nicholson |
| Restauration | Camper & Nicholson, Gosport |

# VELSHEDA

# VELSHEDA

VELSHEDA war die zweite Yacht des J-Boot-Typs, für die Charles E. Nicholson verantwortlich zeichnete – nach der für Sir Thomas Lipton für den America's Cup 1930 konstruierten SHAMROCK V. Der Auftraggeber hieß W.F. Stephenson – Präsident des Woolworth-Kaufhaus-Imperiums. Er konnte das Schiff nach der Fertigstellung 1933 übernehmen.
Die Yacht hat eine Länge in der Wasserlinie von 25,3 Metern, in der Breite mißt sie 48 Zentimeter weniger als SHAMROCK, und so zeigte sich das schlankere auch als das schnellere Schiff: VELSHEDA ersegelte in 43 Regatten 20 Siege und belegte zehnmal den zweiten Platz.
Ihr Eigner hatte es jedoch nicht auf die Teilnahme am America's Cup abgesehen, und so war es ENDEAVOUR, die 1934 den Cup für England herausforderte.

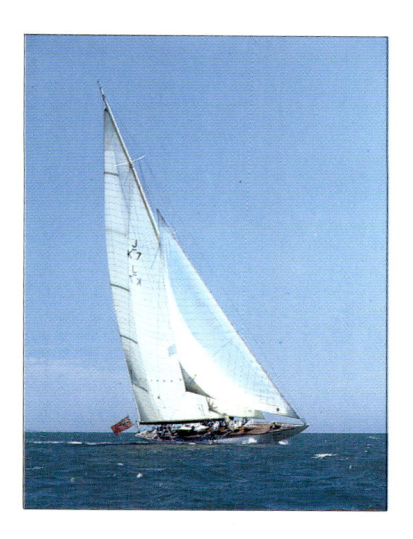

Im Gegensatz zu den „Park Avenue"-Großbäumen der Amerikaner entwickelten die Engländer einen biegsamen Baum, den sie „North Circular"-Baum nannten, und der half, das Großsegel entsprechend zu trimmen. Ein großer Erfolg sollte es nicht werden; auf der VELSHEDA ärgerte man sich immer wieder mit gebrochenen Bäumen herum.

Heute ist VELSHEDA eine der letzten wenigen Vertreterinnen dieser Klasse. 1983 wurde der ziemlich heruntergekommene Rumpf restauriert, und in den folgenden Jahren sah man die Yacht vornehmlich im Solent vor Cowes und im Mittelmeer. Ihr Zustand war trotz der Überholung nicht ganz mit der Qualität der anderen Boote ihrer Zeit zu vergleichen.

Inzwischen wurde bei Camper & Nicholson mit einer erneuten Überholung, besonders des Vorschiffes, begonnen. So wird hoffentlich bald wieder der Originalzustand hergestellt sein – einschließlich einer kurz nach dem Stapellauf vorgenommenen Modifikation des Stevens, der damit vollkommen dem Steven der ENDEAVOUR entspricht.

Die Stahlplatten des Rumpfes oberhalb der Wasserlinie haben die Zeit noch am besten überstanden. Natürlich hat auch diese Yacht ein Teak-Deck. Insgesamt mußte das Deck jedoch erheblich verstärkt werden, um die Kraft der neu installierten Winschen abzufangen. Unverändert werden die Original-Decksaufbauten übernommen und auch der alte Mast wird wiederum gerigt.

Auf der Seite 114 sehen wir verschiedene Ansichten des Vorschiffs, mal das Spantengerüst in der Werft und dann die Arbeit der Besatzung beim Setzen der Vorsegel. Das kleine Bild oben auf dieser Seite zeigt VELSHEDA segelnd im Solent, das Foto unten während eines Gewitterregens vor Porto Cervo im Jahre 1984. Auf dem Hochformat auf dieser Seite sieht man Werftarbeiten an Kiel und Ruder, wobei das Schiff nun wieder seinen früheren, erheblich größeren Anteil an Bleiballast zurückerhält.

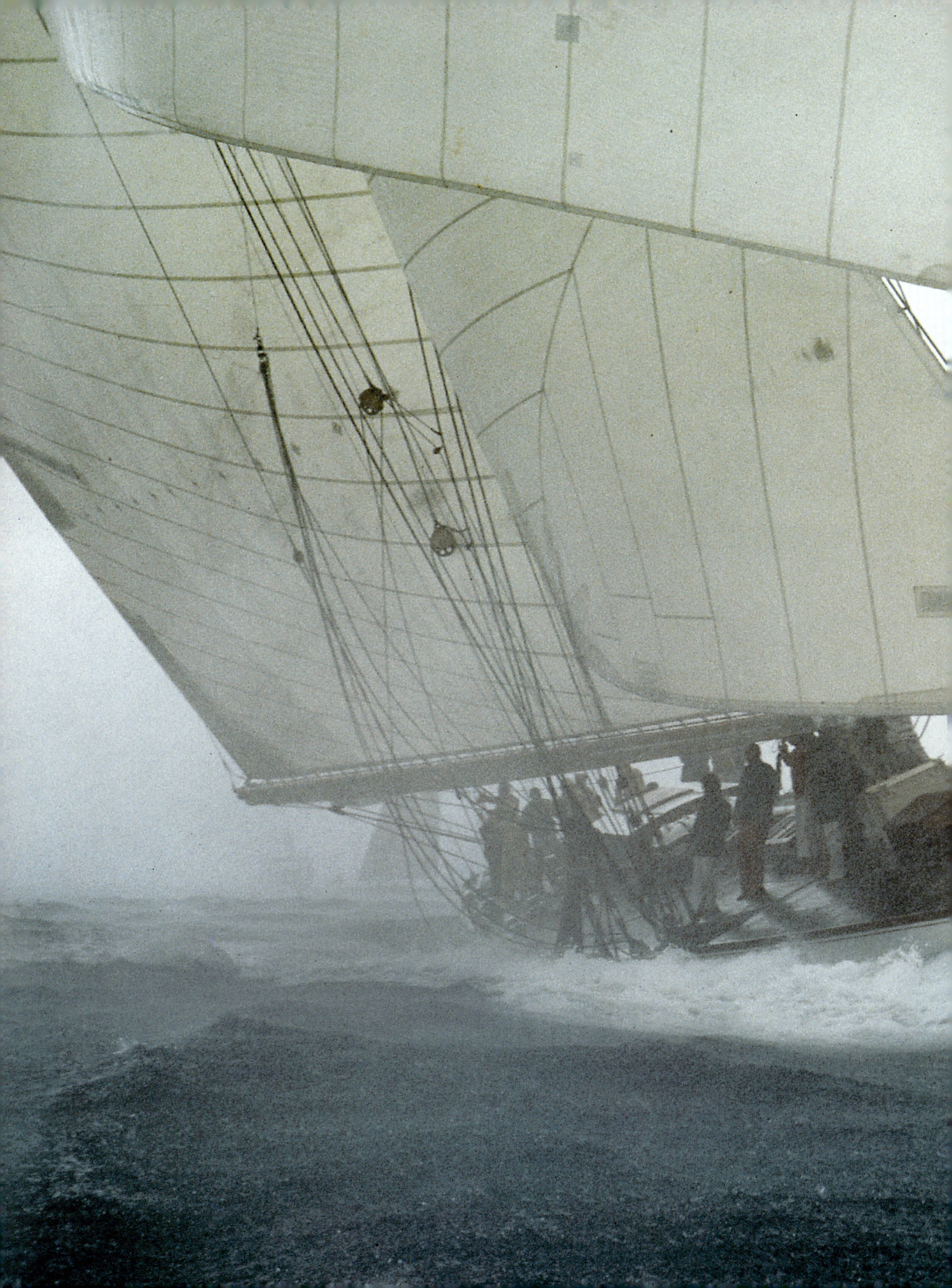

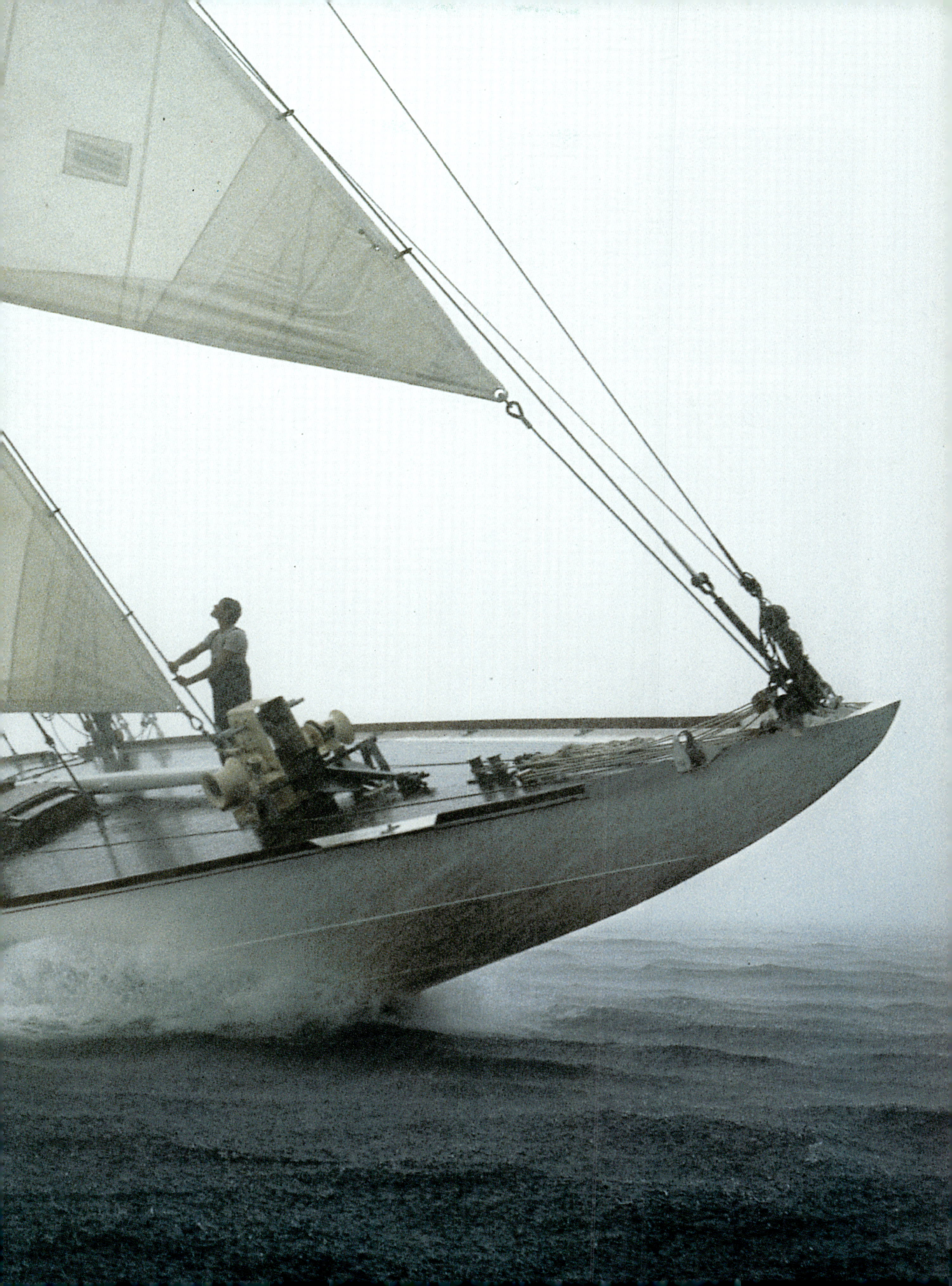

VELSHEDA

Die beiden Aufnahmen auf diesen Seiten, die VELSHEDA unter Segeln zeigen, wurden 1991 im Solent vor Cowes aufgenommen. See, Wolken und Licht unterscheiden sich vollkommen von der vorhergehenden Doppelseite und dem Gewitter vor Porto Cervo. Dabei macht das Schiff unter allen Bedingungen einen fotogenen Eindruck. Am besten gefällt die Yacht aus dem Blickwinkel leicht voraus von Lee.

Auf den beiden kleinen Bildern sieht man VELSHEDA auf der Werft von Camper & Nicholson, wo sie derzeit eine Grundüberholung erfährt. Oben erkennt man den Kiel, wo einige Stahlplatten ersetzt werden, unten die Decksplatten von sechs Millimeter Stärke.

Die vorhergehende Doppelseite zeigt VELSHEDA, die wie ein Geisterschiff durch einen Platzregen segelt, eine der wenigen gelungenen Aufnahmen, die den Fotografen in helles Entzücken versetzen. Auf jeden Fall ein Bild, das eine Gänsehaut verursacht, nicht nur wegen des prasselnden Regens.

Es bleiben nur wenige Sekunden, das richtige Objektiv zu wählen, die Brennweite und die Verschlußzeiten – schon ist der magische Augenblick vorüber.

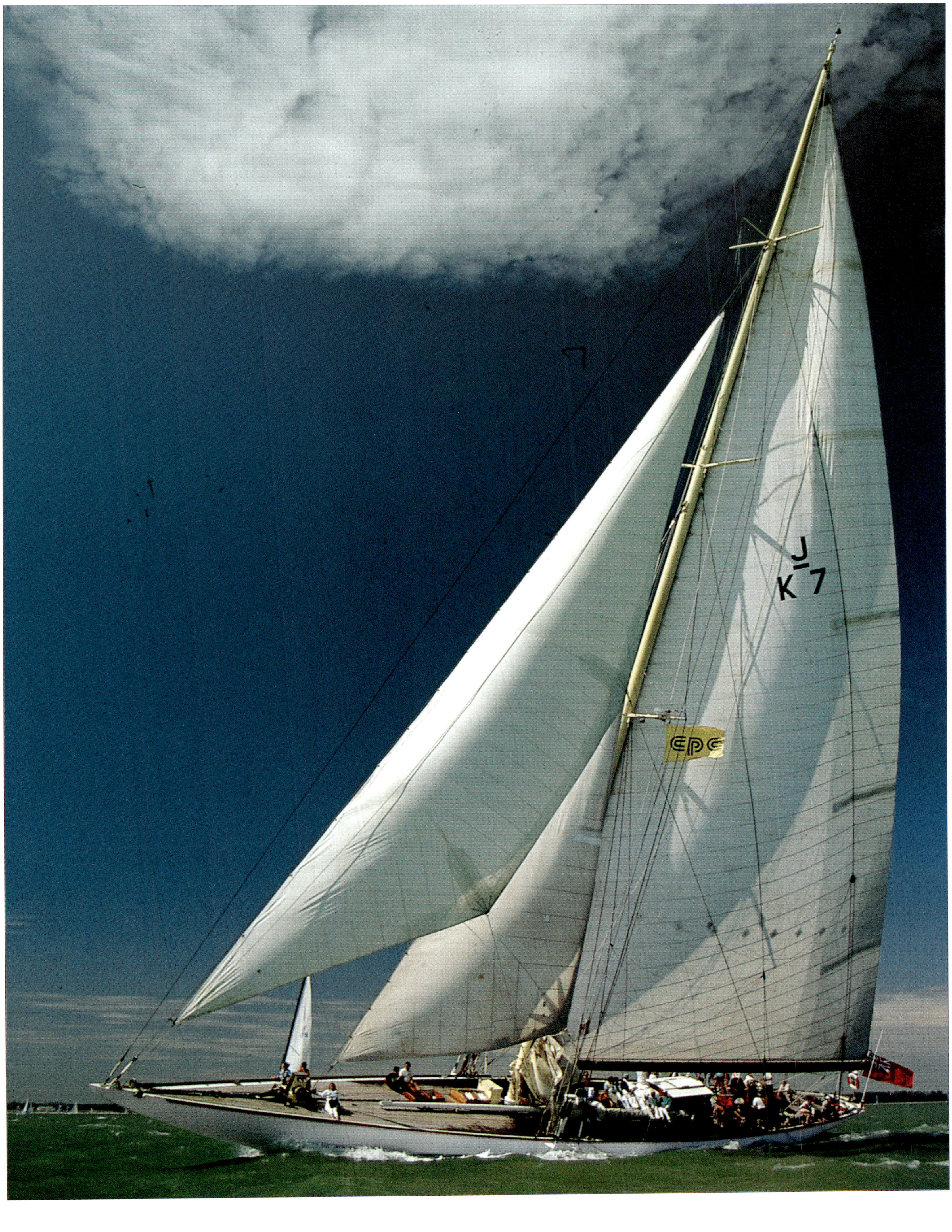
J
K 7

| | |
|---:|:---|
| Rigg | Ketsch |
| Länge über alles | 21 m |
| Länge in der Wasserlinie | 14,60 m |
| Breite | 4,12 m |
| Tiefgang | 2,72 m |
| Verdrängung | 48 t |
| Maschine | Perkins, 120 PS |
| Segelfläche | 240 m² |
| Segelmacher | Ulmer & Kolius, Florenz |
| Stapellauf | 1924 |
| Bauwerft | Philip & Sons, Dartmouth |
| Konstrukteur | Claude Worth |

# ALZAVOLA

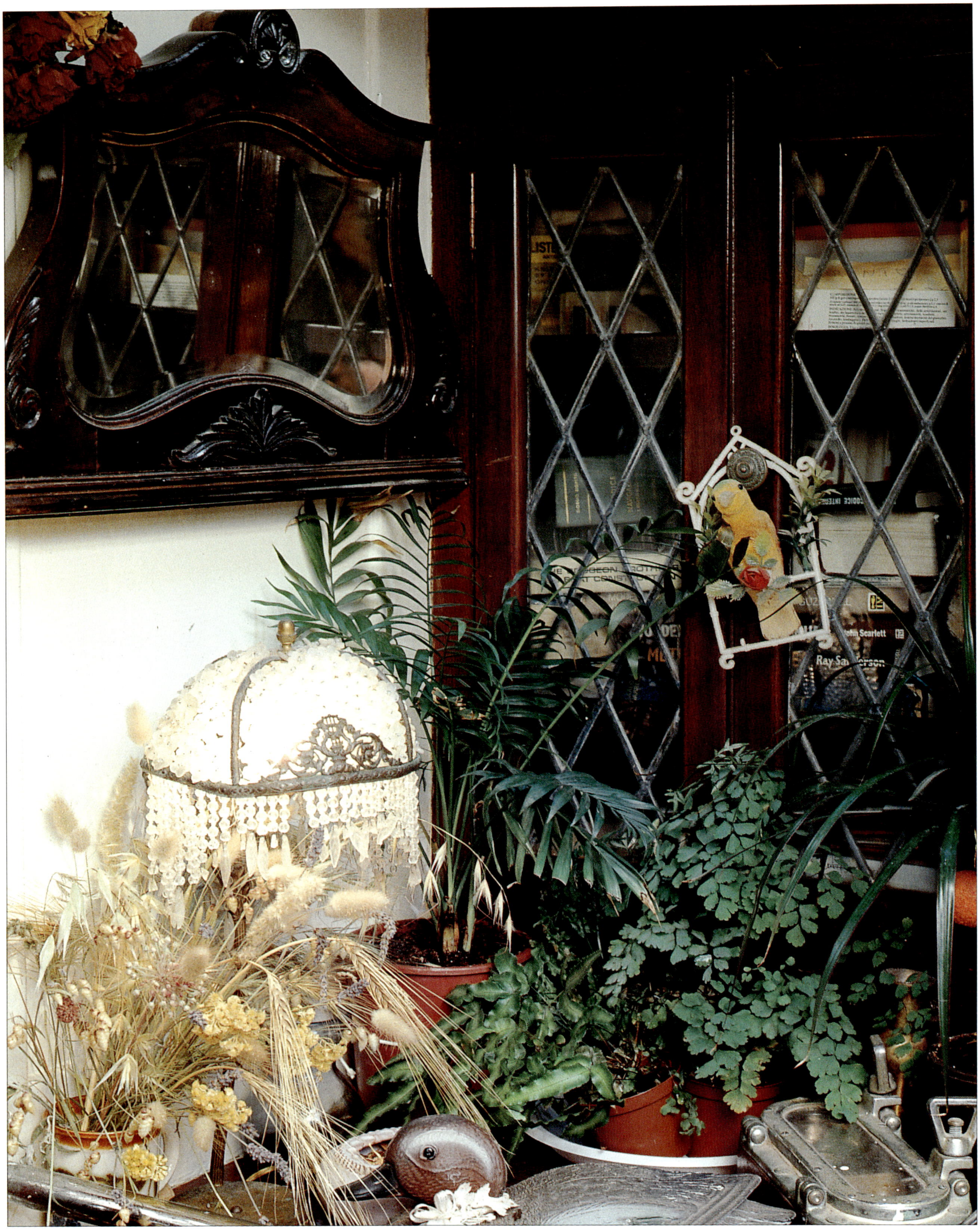

Die alten Segel nannte man „Atlantisches Eisen", sie mußten ständig mit Öl und Teer behandelt werden. 1969 wurden die Masten gegen solche aus Inox-Metall ersetzt.
Auf dem kleinen Foto unten rechts trägt ALZAVOLA einen farbigen „Carbonera", ein Segel, das zwischen Groß- und Besanmast gefahren wird. Carbonera heißt auf italienisch „Kohle". Der Begriff stammt aus der Zeit, als die ersten Segelschiffe Hilfsmaschinen bekamen, und dieses Segel, direkt hinter dem Schornstein, stets schwarz von Ruß war.

Einen Blick in eine Ecke des Salons der ALZAVOLA können wir auf der ganzseitigen Aufnahme links werfen. Ein solches Stilleben erwartet man nicht an Bord einer Yacht. Sehr bequem und zweckmäßig sieht es hingegen im Cockpit der Yacht aus, wie auf dem großen Foto in der Mitte zu erkennen. Der Sitz und die Rückenlehnen des Rudergängers sind mit Leder bezogen. Das Ruder selbst wird heute nicht mehr mit dem ursprünglichen Kettenmechanismus bewegt, sondern hydraulisch. ALZAVOLA wurde nicht, wie die meisten anderen klassischen Yachten in diesem Buch, komplett restauriert – und dafür ist ihr Zustand ausgezeichnet. Man spürt die liebevolle Betreuung des Schiffes – was kaputt geht, wird ersetzt. Auf dem Foto ganz oben sehen wir ALZAVOLA bei flauem Wind über eine Dünungssee klettern.

PF 6130

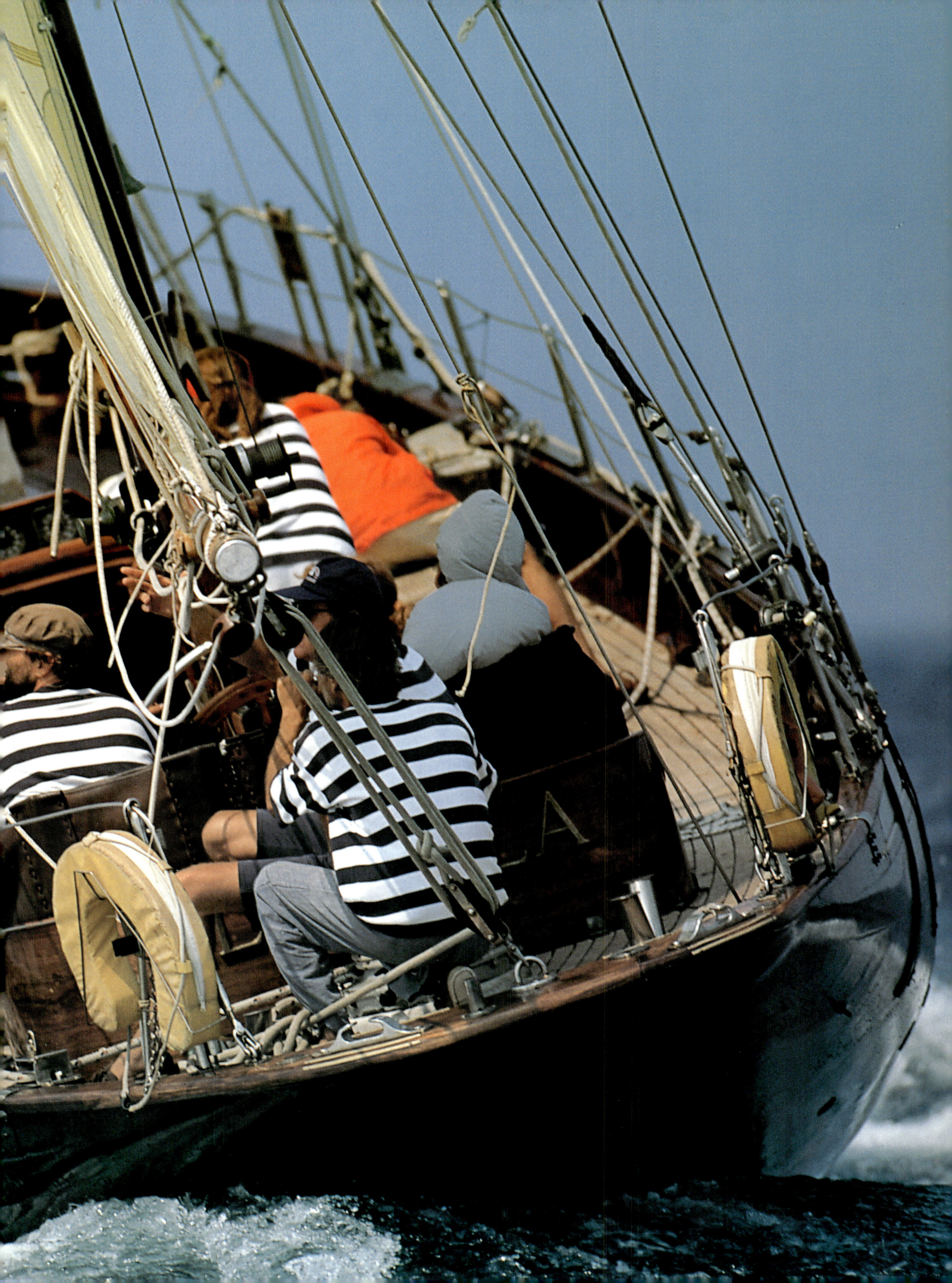

ALZAVOLA

*Die vorhergehende Doppelseite zeigt A͟L͟Z͟A͟V͟O͟L͟A in den Gewässern der Costa Smeralda vor Porto Cervo. Die Perspektive ist wegen der Verwendung eines starken Teleobjektivs ein wenig verwirrend. A͟L͟Z͟A͟V͟O͟L͟A gehört zu den regelmäßigen Besuchern von Veteranen-Treffen im Mittelmeer. Ende der Saison 1992 segelte sie sogar in die Karibik, wo sie Mitte der siebziger Jahre schon einmal gelegen hatte.*
*Wie eindrucksvoll die Yacht unter Segeln aussieht, vermitteln uns die Aufnahmen auf dieser Seite. Auf dem Foto unten liegt sie Bord an Bord mit der Yacht C͟L͟E͟V͟E͟R, ebenfalls vor Porto Cervo.*

*Der Blick unter Deck geht in eine Ecke des Salons, wobei dort alles der Originaleinrichtung aus Honduras-Mahagoni entspricht. A͟L͟Z͟A͟V͟O͟L͟A wurde 1924 in England gebaut und zwar auf der Werft Philip & Sons. Konstrukteur war Claude Worth. Getauft wurde sie auf den Namen G͟R͟A͟C͟E III. Die Rumpfplanken bestehen aus Burma Teak, die Spanten sind aus weißer englischer Eiche.*
*Seite 127 zeigt die Fallwinsch des Besanmastes, dicht vor dem Ruder. Die Masten der Ketsch bestehen aus Oregon Pine.*

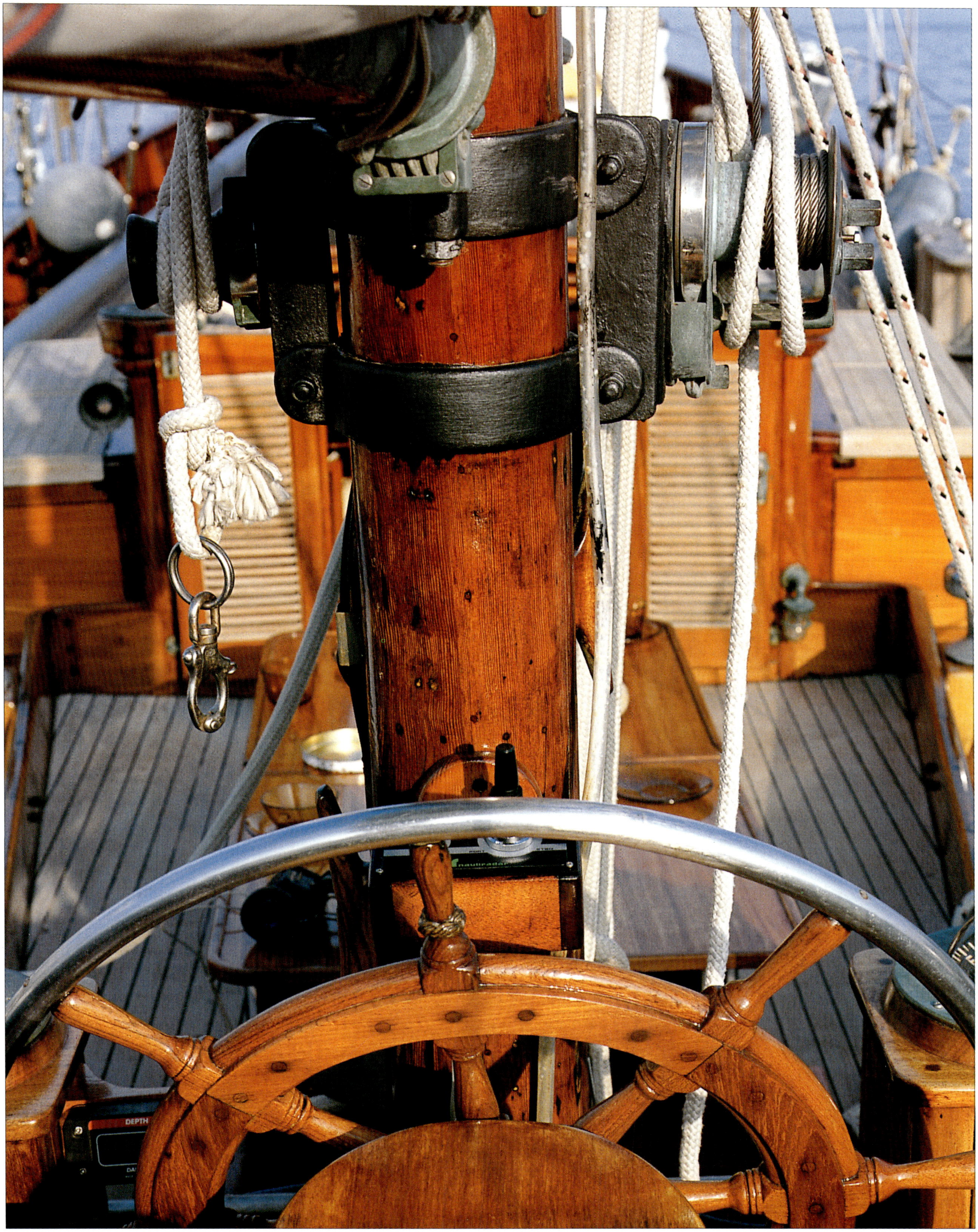

| | |
|---|---|
| Rigg | Gaffelschoner |
| Länge über alles | 39,52 m |
| Länge in der Wasserlinie | 23,71 m |
| Breite | 6,20 m |
| Tiefgang | 4,25 m |
| Verdrängung | 165 t |
| Maschine | Gardner, 200 PS |
| Segelfläche | 600 m² |
| Stapellauf | 1931 |
| Bauwerft | W. Fife & Sons, Fairlie |
| Konstrukteur | W. Fife Jr. |
| Restauration | Southampton Yacht Services 1987 |

# ALTAIR

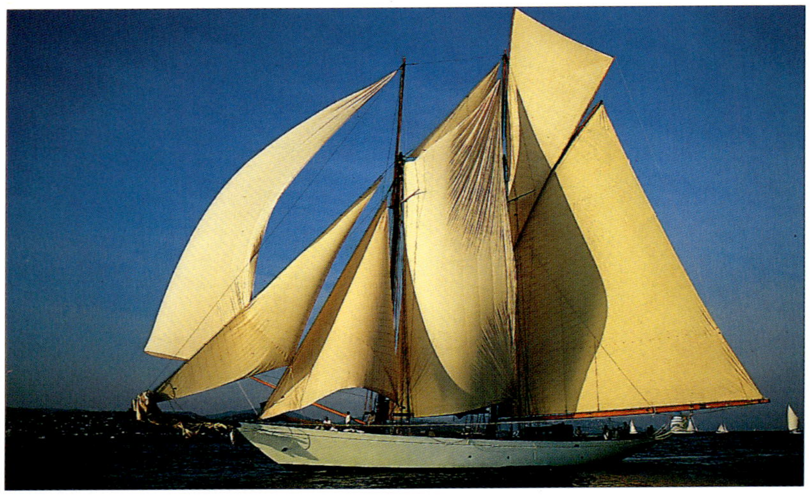

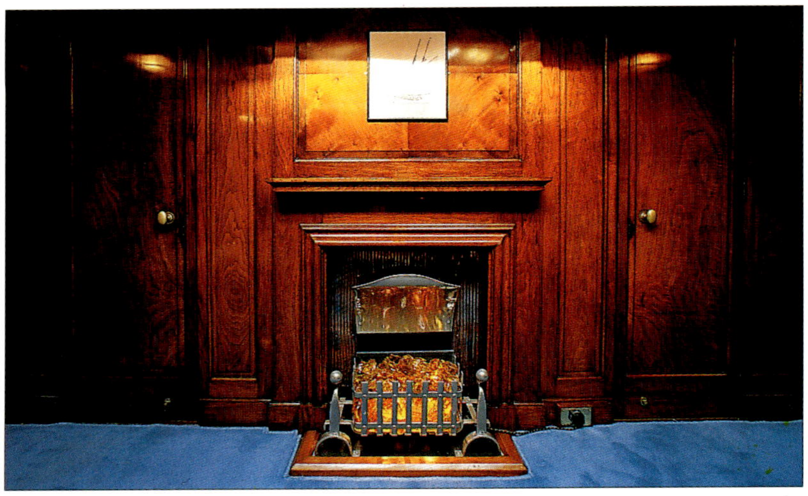

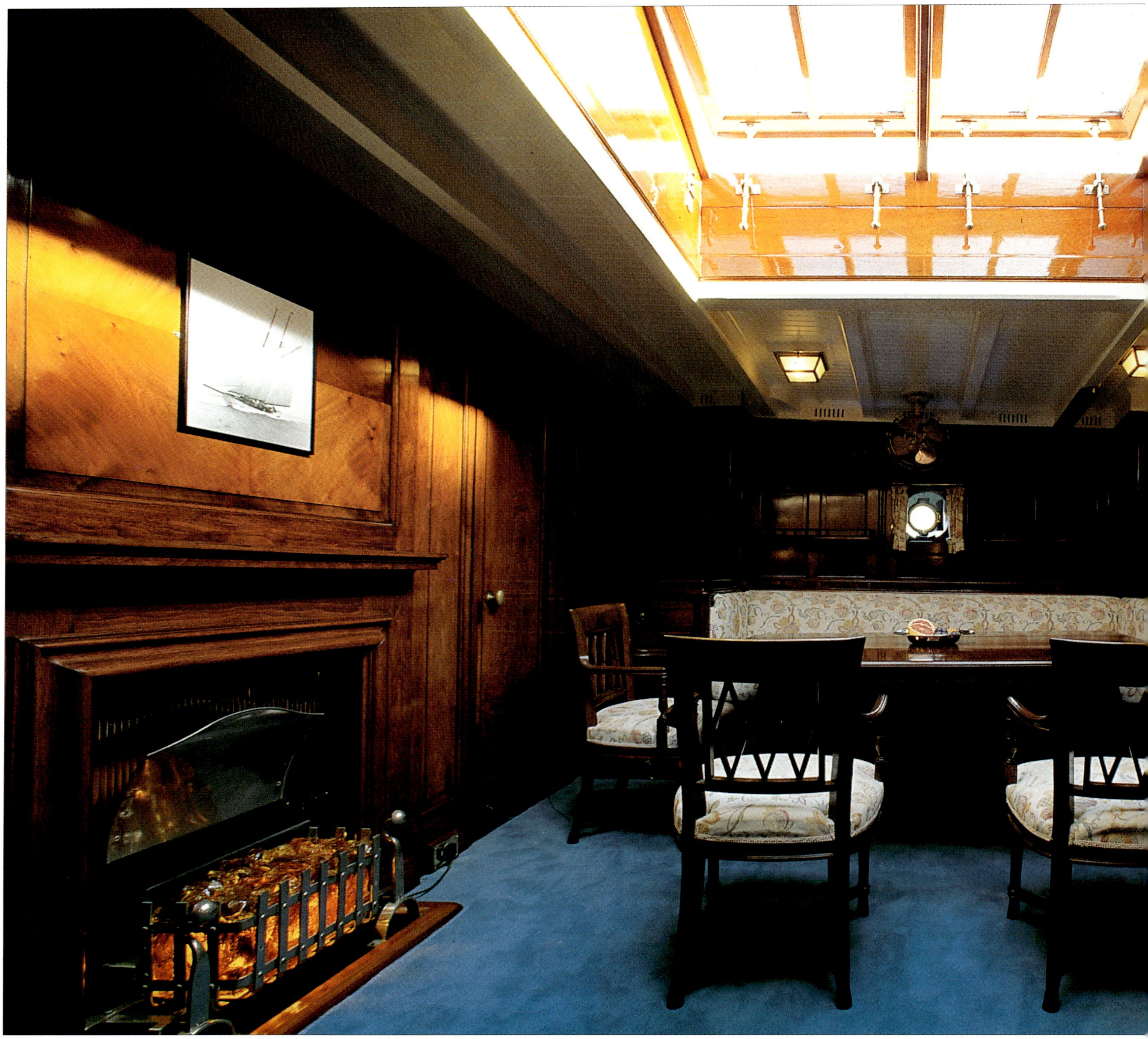

ALTAIR, die Baunummer 789 der Werft Fife & Sons, wurde zwischen Dezember 1929 und Mai 1931 in Fairlie gebaut. William Fife hatte einige Probleme, den Anforderungen des Eigners Captain Guy H. McCaw gerecht zu werden. Ihm gefielen die langen Überhänge von Bug und Heck des Rumpfes nicht. Zum Glück für den Konstrukteur hatte zu dieser Zeit gerade die 1926 gebaute 15 Meter-Yacht HALLOWEEN ein stürmisches Fastnet Race gewonnen. Das Schiff war zwar als Bermuda-Kutter getakelt, aber es besaß die gleichen langen Überhänge wie die geplante ALTAIR. Diese Nachricht überzeugte McCaw, und der änderte seine Meinung bezüglich der Seetüchtigkeit. Er plante mit der ALTAIR lange Reisen über See und wollte sogar die Südsee ansteuern.

Nach ihrer Fertigstellung sah die Yacht jedoch zunächst nicht mehr als die Küste Englands und Schottlands. Unter ihren späteren Eignern Lord Runciman und Sir William Verdon Smith änderte sich an diesem Einsatzgebiet nichts. Erst nach dem Krieg steckte ALTAIR ihre Nase in den Atlantik und segelte nach Portugal und Spanien. Der neue Eigner, der Spanier Miguel Sans Mora, hat sie in den letzten dreißig Jahren in exzellentem Zustand bewahrt.

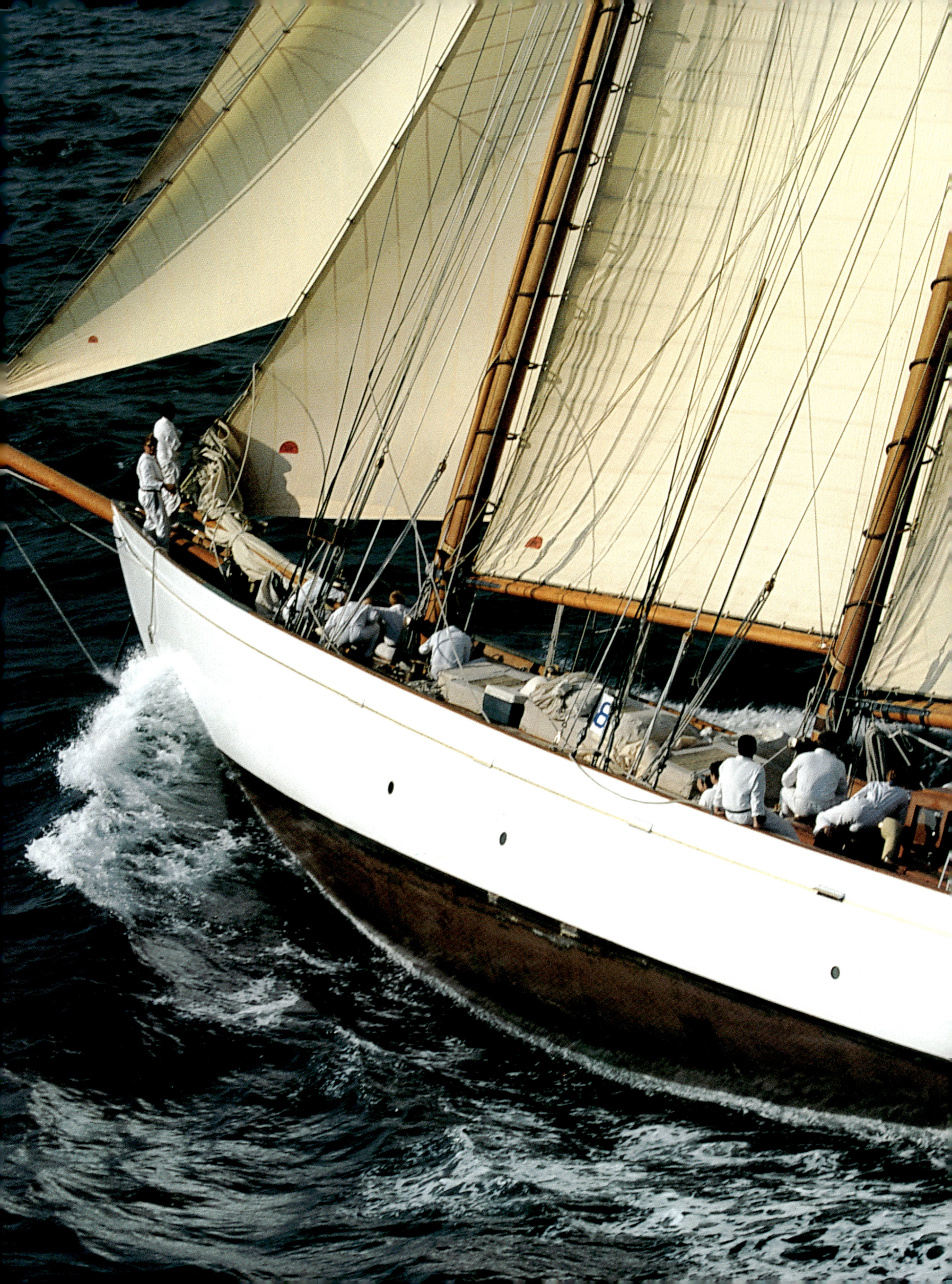

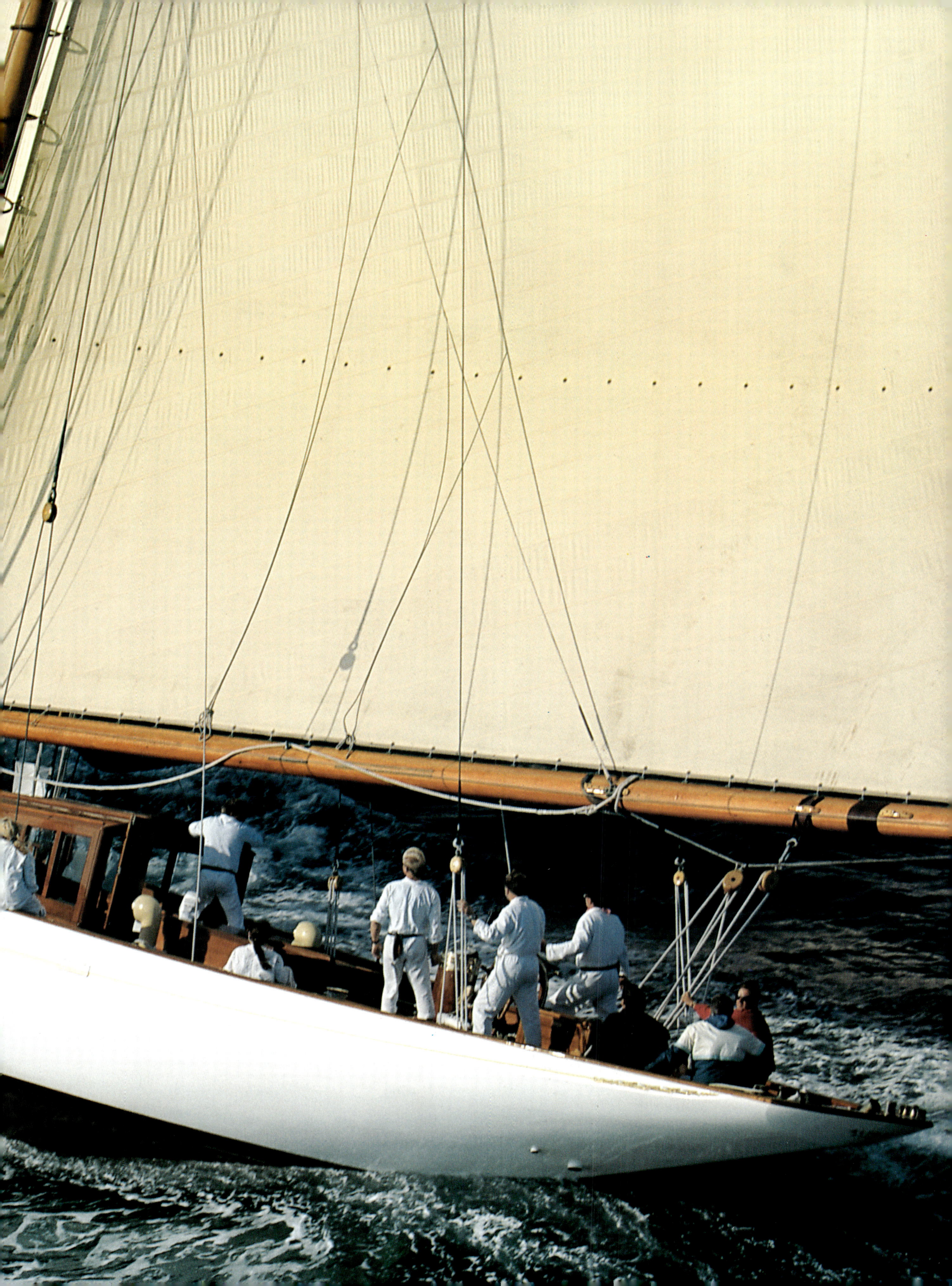

ALTAIR

Auf der vorhergehenden Doppelseite sehen wir ALTAIR bei frischer Brise hoch am Wind. Das überliegende Schiff zeigt deutlich seine ungewöhnlich eleganten Rumpflinien. Auf dem großen Foto auf dieser Seite segelt ALTAIR Bord an Bord mit CANDIDA 1991 in Porto Cervo.

Die Inneneinrichtung ist klar und einfach gehalten. Auf Ornamente und Schmuck wird fast vollständig verzichtet. Das dunkle Holz ist Walnuß, Wand und Decken sind weiß lackiert. Das gibt dem Schiff auch unter Deck eine besonders elegante Note. Rechts der Blick in ein Badezimmer, oben der Blick in eine Schlafkammer.

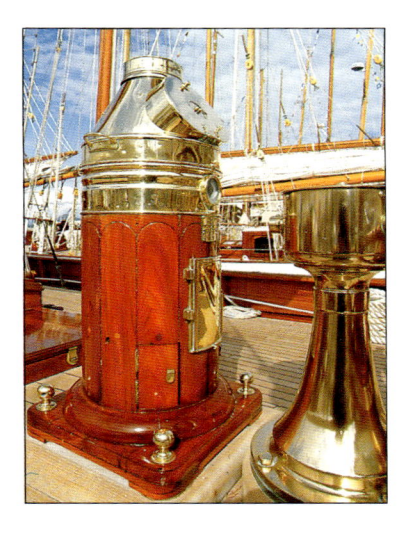

Die erste umfassende Überholung erlebte ALTAIR bereits 1948. 1986 wurde die Yacht bei den Southampton Yacht Services weitgehend und besonders sorgfältig restauriert. Es war der dritte Lebensabschnitt des Seglers. Besonderen Wert legte der Eigner darauf, die Vorstellungen des Konstrukteurs Fife nicht zu verfälschen, sondern zu bewahren. Der Rumpf wurde dabei vollkommen auseinandergenommen, die Einzelteile Stück für Stück numeriert; nicht anders ging es Deck und Aufbauten. 40 Prozent der 127 x 152 mm starken Eichenspanten waren so verrottet, daß sie komplett ersetzt werden mußten. Der Grund für den schlechten Zustand des Holzes lag im Kontakt zu den eisernen Bodenplatten, die beim Umbau gegen galvanisierte Metallplatten ausgetauscht wurden. Der Kiel war von Fife in verschiedenen Sektionen gebaut worden. Der neue Kiel besteht nun aus einem einzigen Stück. Das Rigg wurde komplett von Harry Spencer erneuert, Klüver- und Großbaum entsprechen wieder der ursprünglichen Länge.
Die Beschläge an Deck sind aus Bronze nachgebaut worden, die neuen Segel stellten Ratsey & Lapthorn in Terylene her. Die Segelmacher testeten verschiedene Farben für das Segeltuch, um die natürliche Tönung von ägyptischer Baumwolle nachzuahmen. Die Arbeit an den Segeln besteht zu einem beträchtlichen Teil aus Handarbeit.
Selbst der Maschinenraum wurde nach dem Vorbild restauriert. Der frühere spanische Eigner hatte seinerzeit einen Teil des Maschinenraums dem Cockpit zugeschlagen. 1987 war der Umbau abgeschlossen, und ALTAIR kam wieder unter Segel. Der Stapellauf in ihr neues Leben wurde begleitet vom Klang der Dudelsäcke, als Hommage an ihre schottische Herkunft. Die erste Reise führte in die Karibik.

| | |
|---:|:---|
| Rigg | Gaffelschoner |
| Länge über alles | 44,74 m |
| Länge in der Wasserlinie | 27,45 m |
| Breite | 7,15 m |
| Tiefgang | 4,20 m |
| Verdrängung | 254 t |
| Maschine | Caterpillar, 600 PS |
| Segelfläche | 986 m² |
| Stapellauf | 1910 |
| Bauwerft | Camper & Nicholson, Gosport |
| Konstrukteur | Camper & Nicholson, Gosport |
| Restauration | Cantiere Valdettaro, La Spezia 1978 |

# ORION

ORION

*Es ist eine alte Seemannstradition, daß die allerschönsten Schiffe auf den Namen eines Sterns oder einer Sternengruppe getauft werden, und oftmals glänzen sie dann selbst wie ein Stern. Wenn wir von einem Schiff träumen, dann ist es groß und unter vollen Segeln, und es kreuzt irgendwo am Horizont. Es hat dann einen Namen wie CROCE DEL SUD (Kreuz des Südens) oder STELLA POLARE (Polarstern). Auch ORION ist ein passender Name für etwas Besonderes. Tatsächlich jedoch erhielt dieses Schiff den heutigen Namen erst 1930 und zwar von seinem siebten Eigner, dem Spanier Miguel de Pinillos.*

*1910, zur Zeit des Stapellaufs, trug die Yacht den Namen SILVANA, 1922 dann den Namen DIANA, und 1927 wurde sie in VIRA umgetauft. ORION war ursprünglich ein Gaffelkutter, das Design stammt von Camper & Nicholson, auf deren Werft in Gosport das Schiff auch vom Stapel lief. Auftraggeber war der König von Spanien. Nur wenig später erwarb sie ein Mitglied der Royal Yacht Squadron, Colonel Courtney Morgan.*

*Die Bilder der ORION unter Segeln, auf diesen beiden Seiten, zeigen die Yacht in einer unvergessenen Wettfahrt mit SAHARET OF TYRE 1989, bei frischer Brise vor Porto Cervo. Jedem, der damals dabei war, wird diese Regatta unvergessen bleiben, der Augenblick, in dem beide Yachten Bord an Bord mit 14 Knoten Geschwindigkeit durch die tiefblaue See pflügten.*

*Die Entscheidung war allerdings vorgegeben: ORION, mit ihrer Länge in der Wasserlinie von 27 Metern, zog der kleineren Konkurrentin davon. Auf dem Bild rechts sehen wir einen Teil der Besatzung auf dem Vorschiff, bei einem Wendemanöver während einer Veteranen-Regatta 1989 vor La Spezia. Die Inneneinrichtung – auf dem Foto oben eine der Kabinen – ist in Walnuß gehalten.*

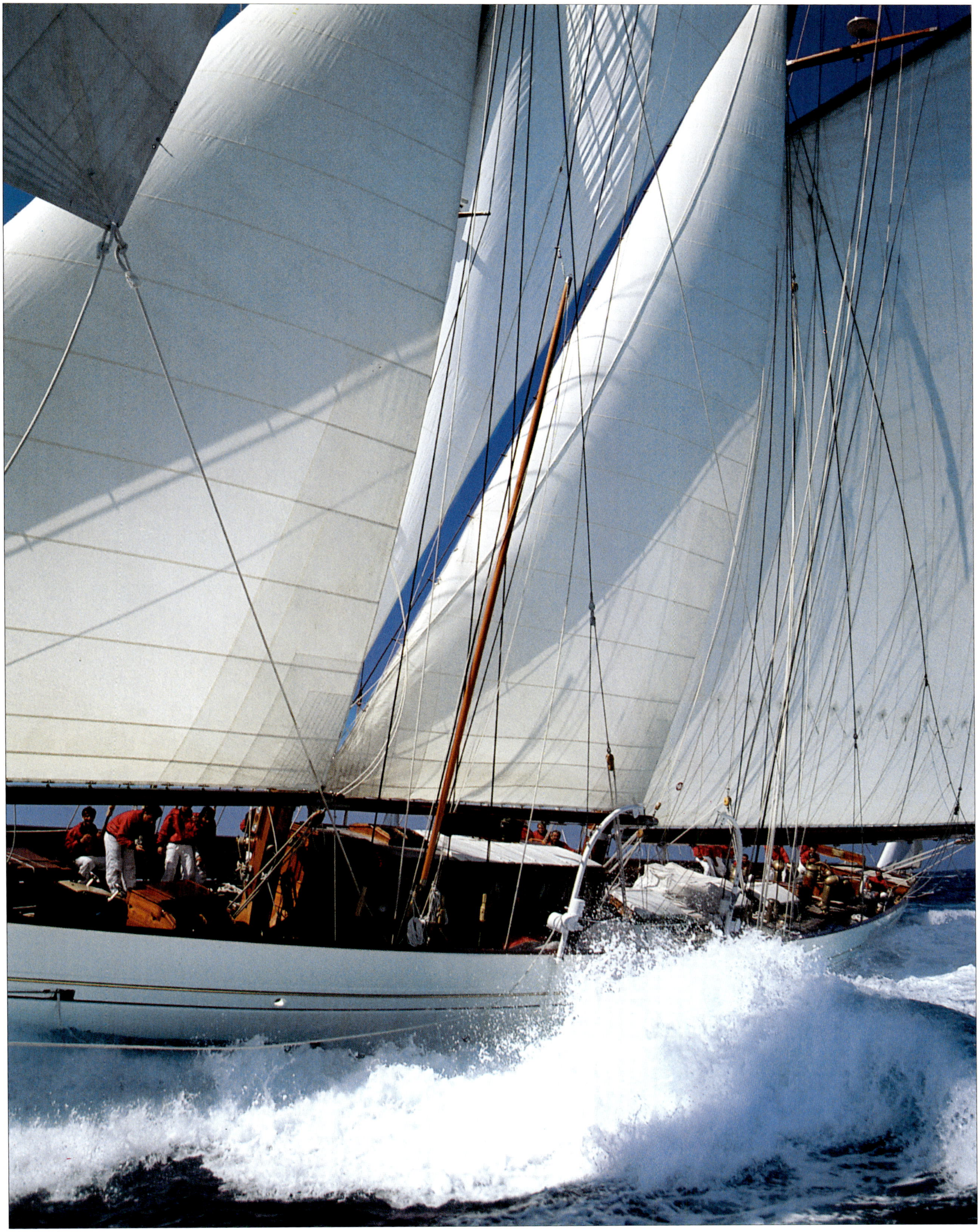

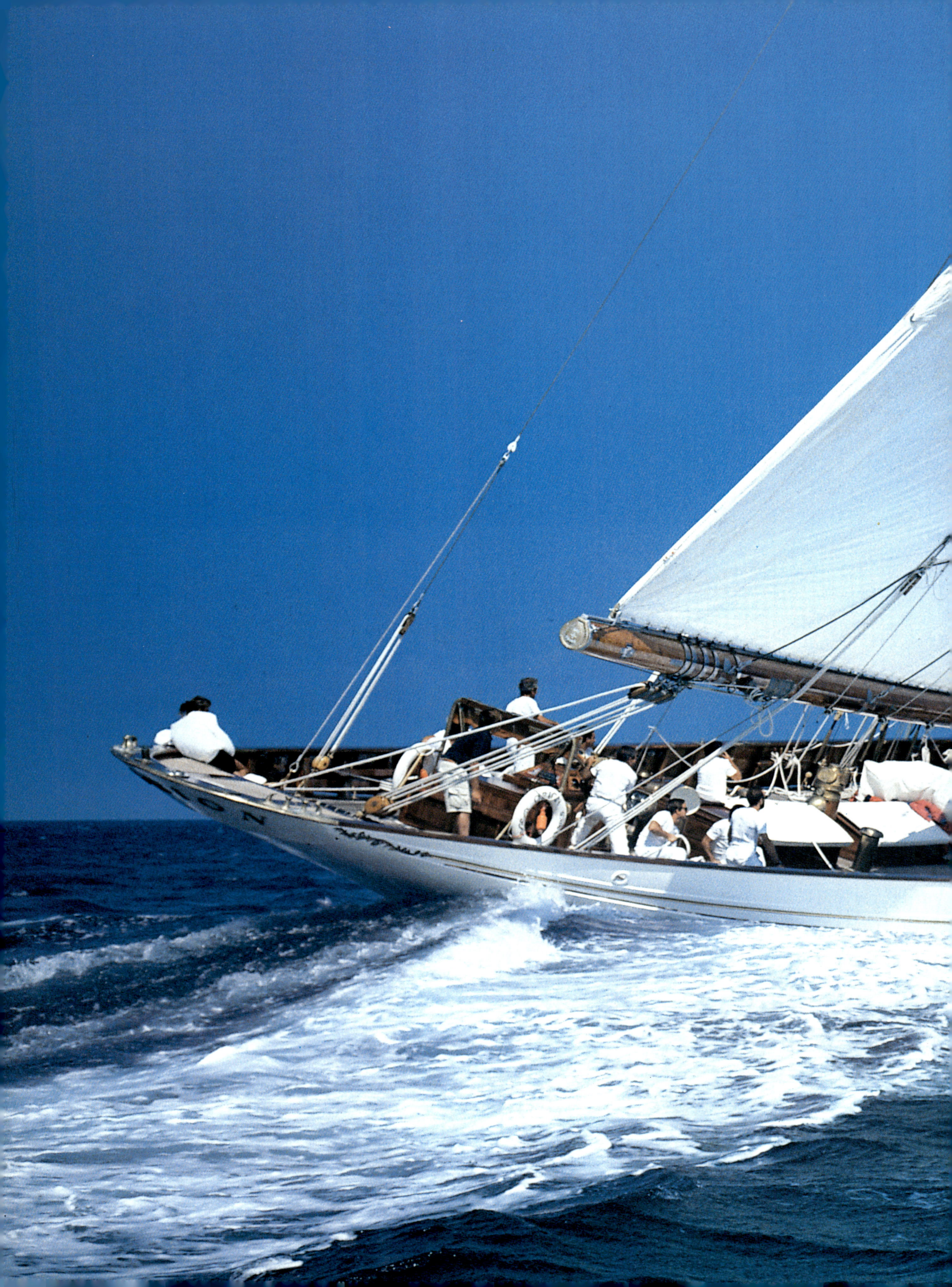

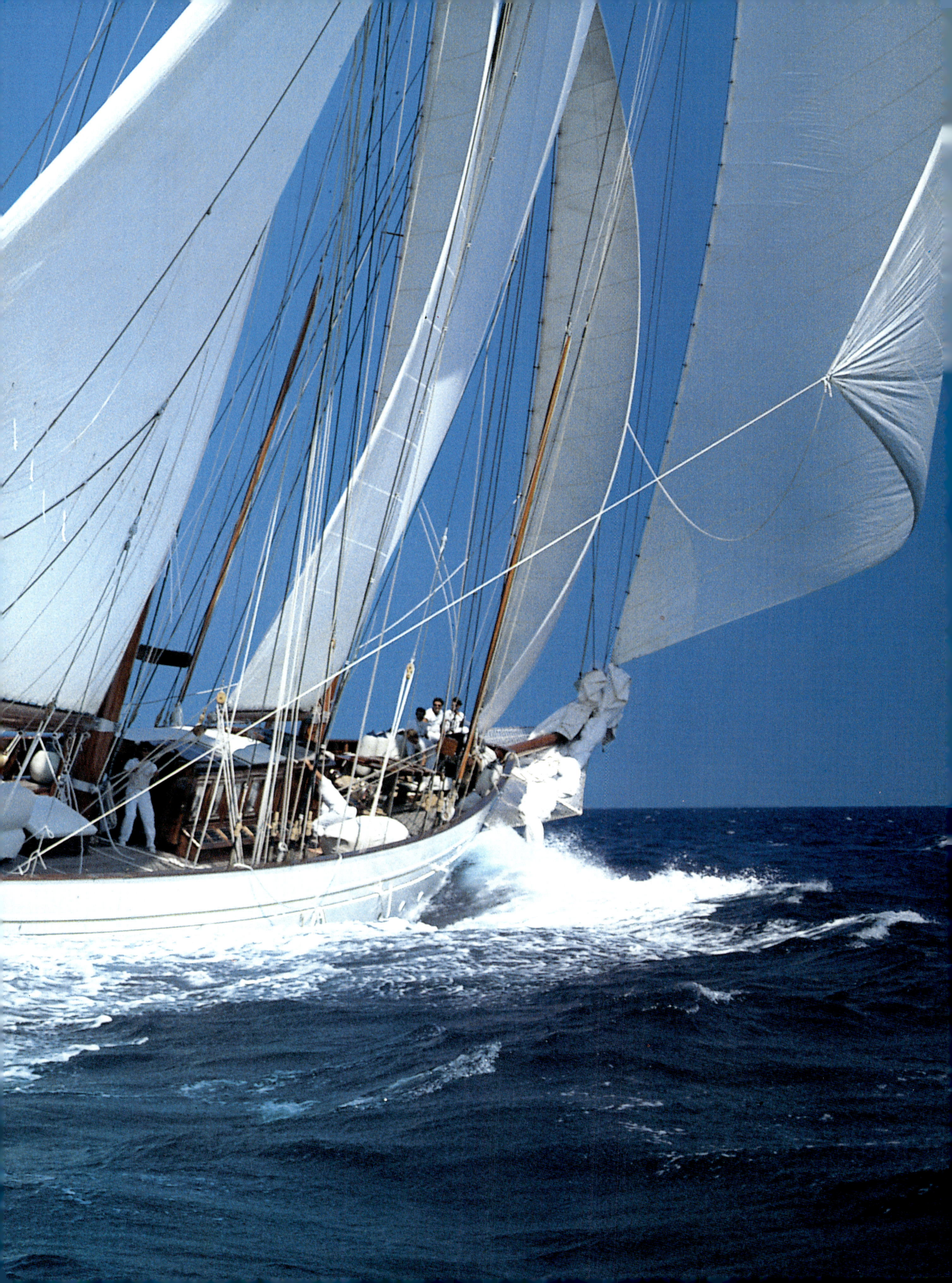

Die vorhergehende Doppelseite dürfte den Traum eines jeden Liebhabers klassischer Yachten widerspiegeln: ORION segelt unter vollen Segeln in den Horizont. Wunderbar der Wasserablauf des mit hoher Geschwindigkeit segelnden Schiffes. Im Vergleich mit den Personen auf dem Achterdeck kann man den gewaltigen Überhang des Hecks ahnen.

Die Yacht entstand zu einer Zeit, als sich der Bau riesiger Schoner auf dem Höhepunkt der Entwicklung befand. Die gewaltige Segelfläche ist Dank der Unterteilung nicht allzu schwer zu beherrschen.

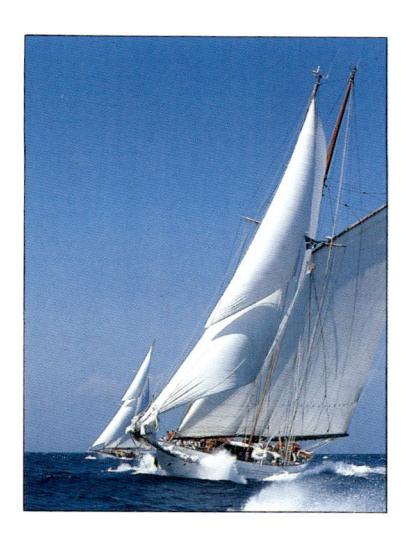

*Auf der linken Seite sehen wir einige Aufnahmen vom Innenleben der O*RION*: Die Einrichtungsgegenstände sind durchweg ausgesuchte britische Antiquitäten, passend dazu echte persische Teppiche.*
*Oben links sehen wir einen in die Walnuß-Vertäfelung eingepaßten Kamin aus Messing. Das große Bild zeigt den Salon im Deckshaus. Durch die großen Fenster kann man bei schlechtem Wetter die See und die Manöver an Deck wie im Kino sehen. Das kleine Bild auf der Seite unten gibt noch einmal einen Eindruck von der Walnußvertäfelung in den Kabinen. Das kleine Bild S. 142 oben rechts zeigt das relativ kleine Ruderrad mit dem Kompaßgehäuse und zwei groß dimensionierte Lüfter aus Messing und Kupfer.*
*Unter vollen Segeln trägt O*RION *fast 1000 Quadratmeter Tuch. Um das Schiff unter Segel zu bringen, bedarf es einer vielköpfigen Crew.*

*1935, während eines Besuchs in Le Havre, zerstörte eine Explosion an Bord Teile des Decks und der Aufbauten. 1967 gab es einen weiteren schweren Unfall an Bord, als bei der Überquerung des Golfe du Lion beide Masten im Sturm brachen. Bis zu diesem Zeitpunkt war das Schiff immer in hervorragendem Zustand gehalten worden.*
*Nun begann der Abstieg, und das Schiff blieb schließlich verlassen im Hafen von La Spezia liegen. 1978 gaben die neuen Eigner die Yacht an die 1919 gegründete Werft Valdettaro in Porto Venere zur Restaurierung, ein Unternehmen mit einer großen Erfahrung und Tradition in Bau und Reparatur von Holzbooten. Wegen der bemerkenswerten Abmessungen der O*RION *waren die Überholungsarbeiten außerordentlich kompliziert. Der Teak-Rumpf mußte vollständig abgeschliffen und von seinem Kupferbeschlag befreit werden. Das Deck hingegen hatte die Zeit ohne größere Schäden überstanden.*

| | |
|---:|:---|
| Rigg | Bermuda-Schoner |
| Länge über alles | 22 m |
| Länge in der Wasserlinie | 14,76 m |
| Breite | 4,32 m |
| Tiefgang | 2,43 m |
| Verdrängung | 55 t |
| Maschine | Perkins, 115 PS |
| Segelfläche | 400 m² |
| Stapellauf | 1932 |
| Bauwerft | Cantiere Baglietto Varazze / Genua |
| Konstrukteur | Camper & Nicholson |

# NIÑA LUISITA

# NIÑA LUISITA

*NIÑA LUISITA wurde im Jahre 1932 auf der berühmten Werft Baglietto im italienischen Varazze nach einem Riß von Camper & Nicholson gebaut. Ihr ursprünglicher Name lautete POFI, und sie hatte das Glück, in mehr als 60 Jahren nur zwei Eigner zu haben. Beide Eigner waren passionierte Segler und sorgten dafür, daß der Zustand des Bootes, einschließlich des Bermuda-Riggs, nicht verändert wurde.*

*Ihre Linien sprechen sowohl für Eleganz als auch für Seetüchtigkeit beim Fahrtensegeln. Ein Fahrtenschiff ist sie bis heute geblieben. Erst in letzter Zeit hat sie an einigen Veteranen-Regatten teilgenommen und dabei recht beachtliche Leistungen gezeigt, wie zum Beispiel bei der Nioulargue 1992. Die große Aufnahme auf der rechten Seite ist während dieser Nioulargue entstanden. Achteraus in Lee liegt LORD JIM, eine ebenfalls bermudagetakelte Yacht.*

*NIÑA LUISITA hat ein Teak-Deck, das 1987 neu verlegt wurde. Die Aufbauten sind in Teak und Mahagoni gehalten und mit einer Reihe von Bulleyes versehen, eingefaßt in Messing. Die Reling mit den kurzen Stützen und einem einzigen Durchzug entspricht dem Original. Die Blöcke sind ebenfalls dem Original entsprechend aus Holz und Bronze hergestellt.*

*Für den Rumpf wählte man die traditionell stabile Bauweise von Teakplanken auf Eichenholzspanten, versehen mit einer Schicht Kupferplatten im Unterwasserbereich, die auf den Fotos kaum zu erkennen sind. Mahagoni wiederum wurde für den Bau des Ruderrades verwendet.*

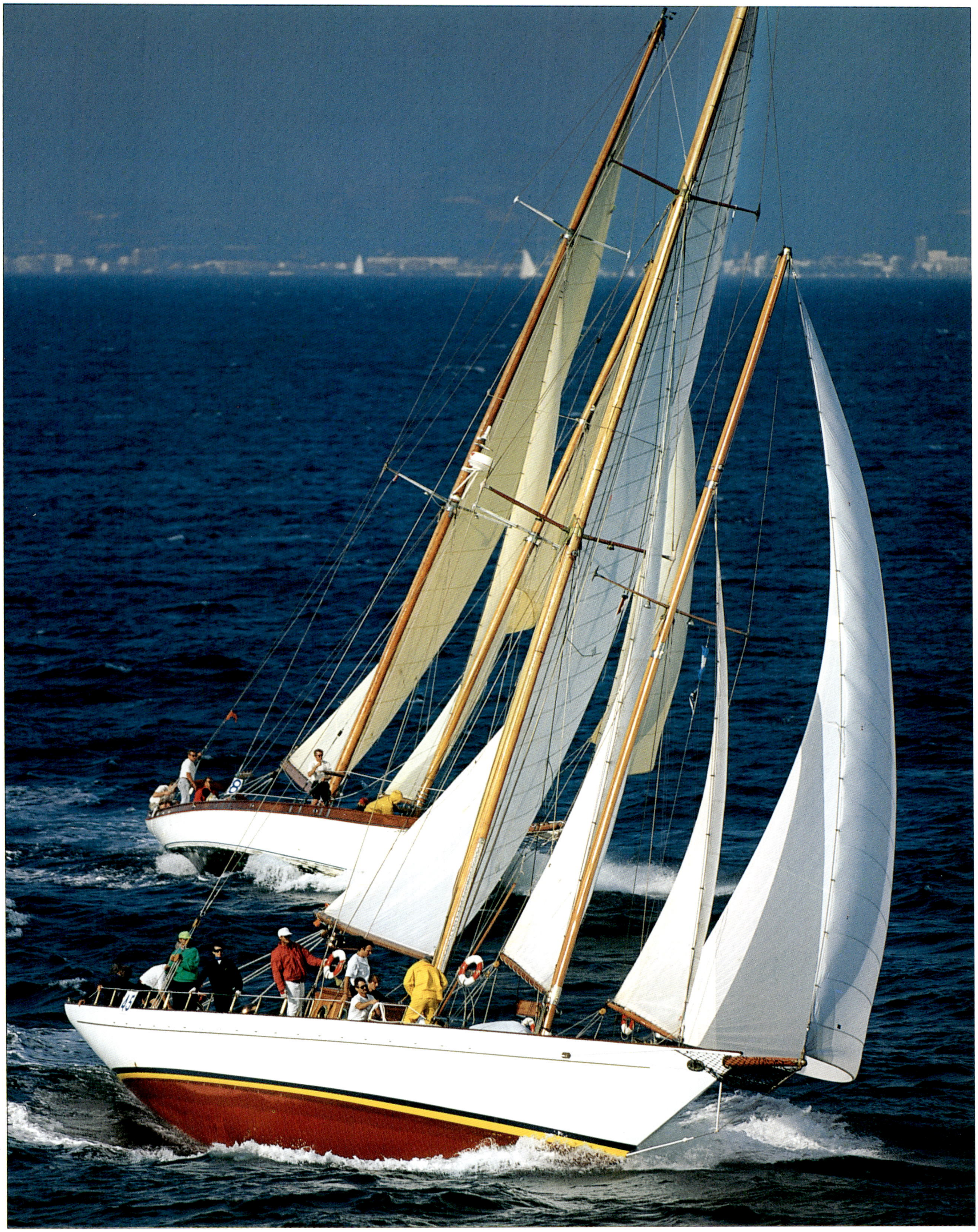

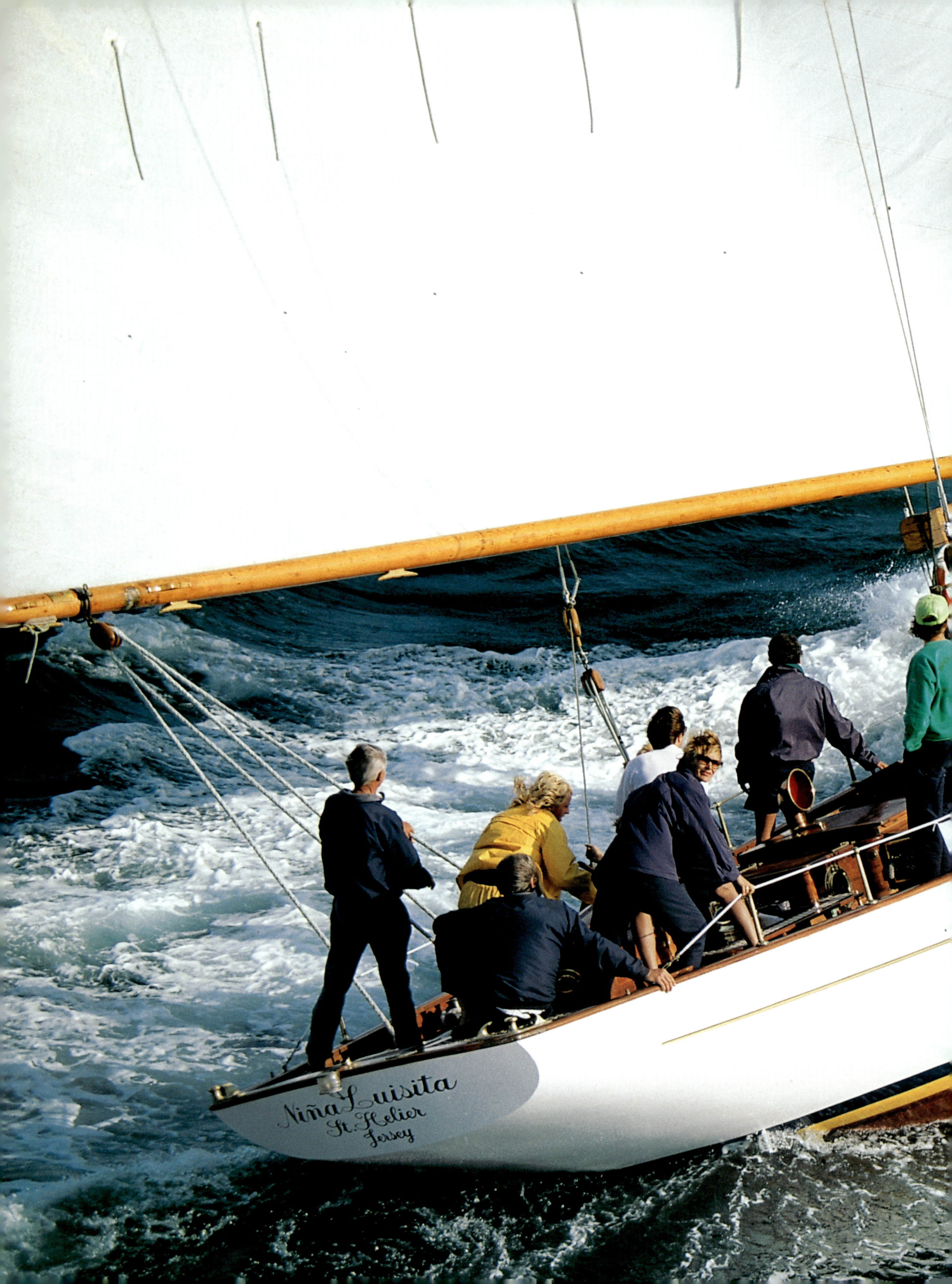
Niña Luisita
St. Helier
Jersey

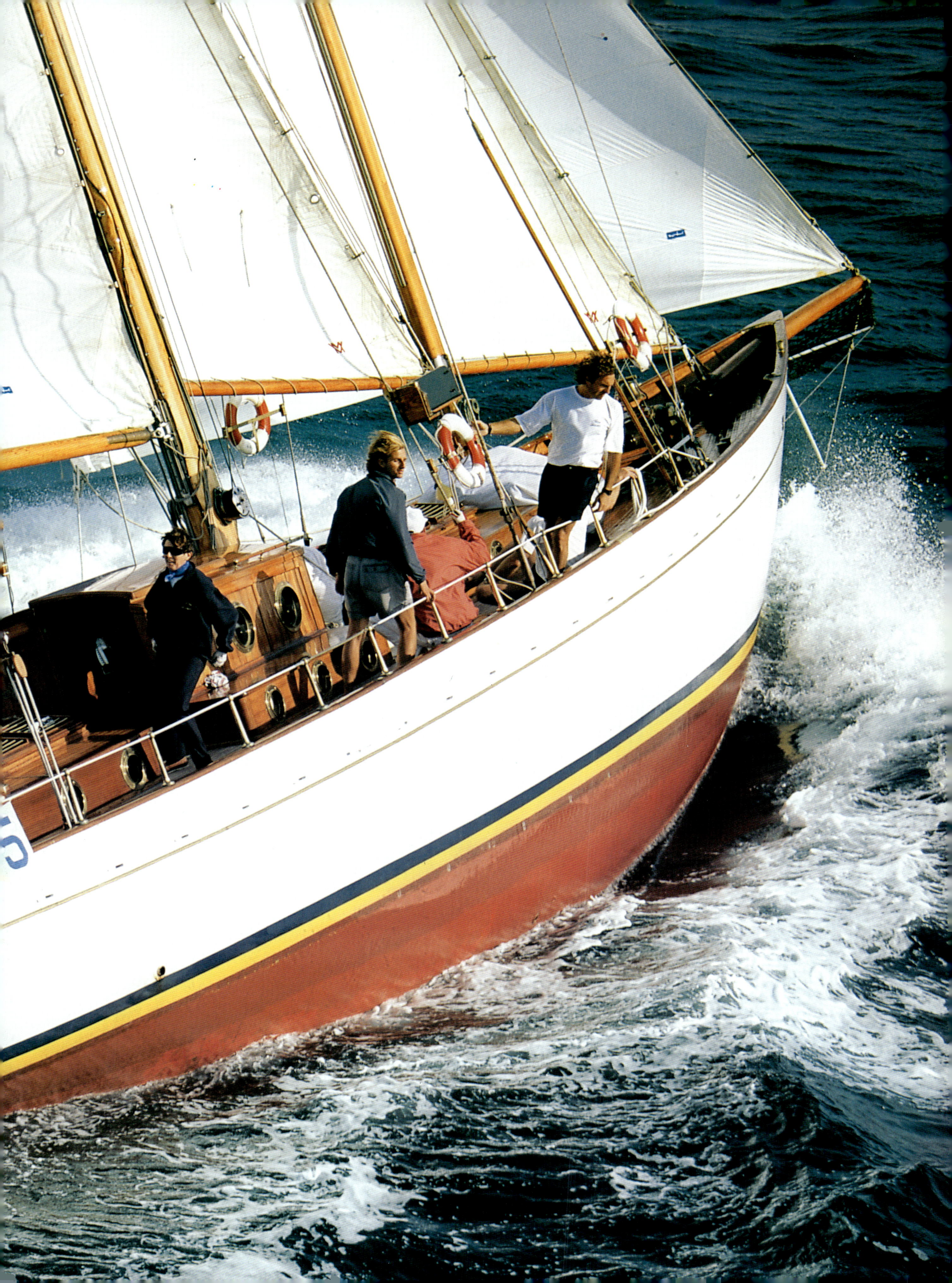

NIÑA LUISITA

*Die vorhergehende Doppelseite zeigt N*IÑA *L*UISITA *hoch am Wind in voller Fahrt bei der Nioulargue 1992. Da es an Bord keinerlei technische Manöverhilfen wie Winschen oder dergleichen gibt, ist während der Regatta eine Vielzahl von Händen nötig.*

*Lediglich klein dimensionierte Fallwinschen helfen beim Setzen der Segel. Unter normalen Segelbedingungen, beispielsweise auf Reisen, sind drei oder vier Mann an Deck völlig ausreichend.*

*Das große Bild auf dieser Seite zeigt den Salon. Tageslicht fällt durch die Bullaugen und das Skylight. In Kontrast zu den weiß lackierten Wänden und Decken stehen die kunstvollen Türen aus Walnußholz und Bruyère. Der Messetisch aus Mahagoni ist fest mit den Bodenplatten verschraubt. Oben rechts sehen wir auf dem kleinen Foto N*IÑA *L*UISITA *bei der Veteranen-Regatta in Imperia 1989, während das große Foto auf der rechten Seite N*IÑA *L*UISITA *vor L*ORD *J*IM *liegend bei der Nioulargue zeigt.*
*Das kleinere Foto hier rechts zeigt die Achterkammer des Eigners mit einer Holzbank und einem Sekretär. Die Bilder an der Wand entstanden wie das Schiff in den dreißiger Jahren und stellen verschiedene Sportarten dar. Die beiden Detailaufnahmen auf der rechten Seite zeigen eine Windhutze aus Kupfer und das Kompaßgehäuse aus Messing.*

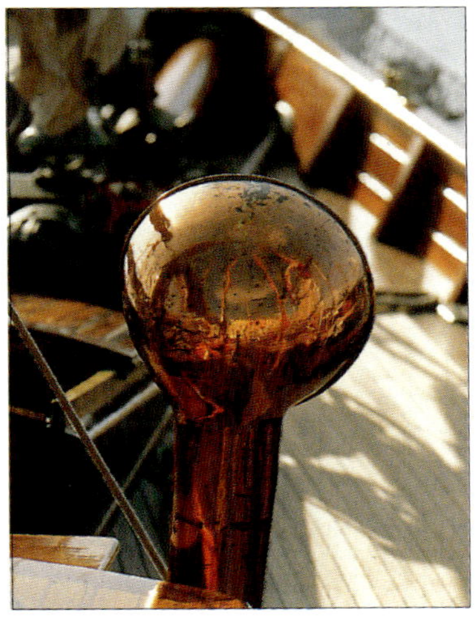

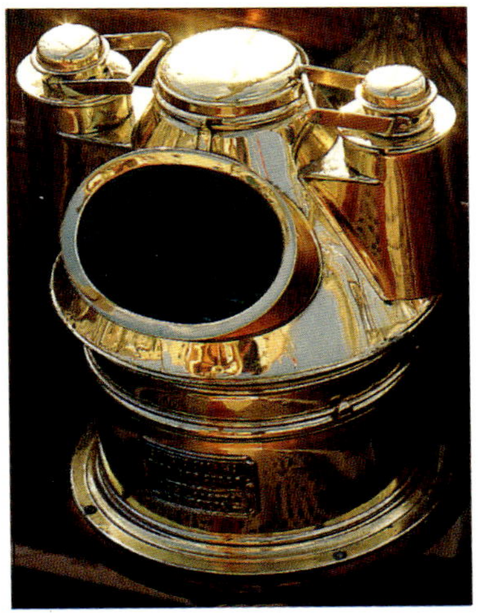

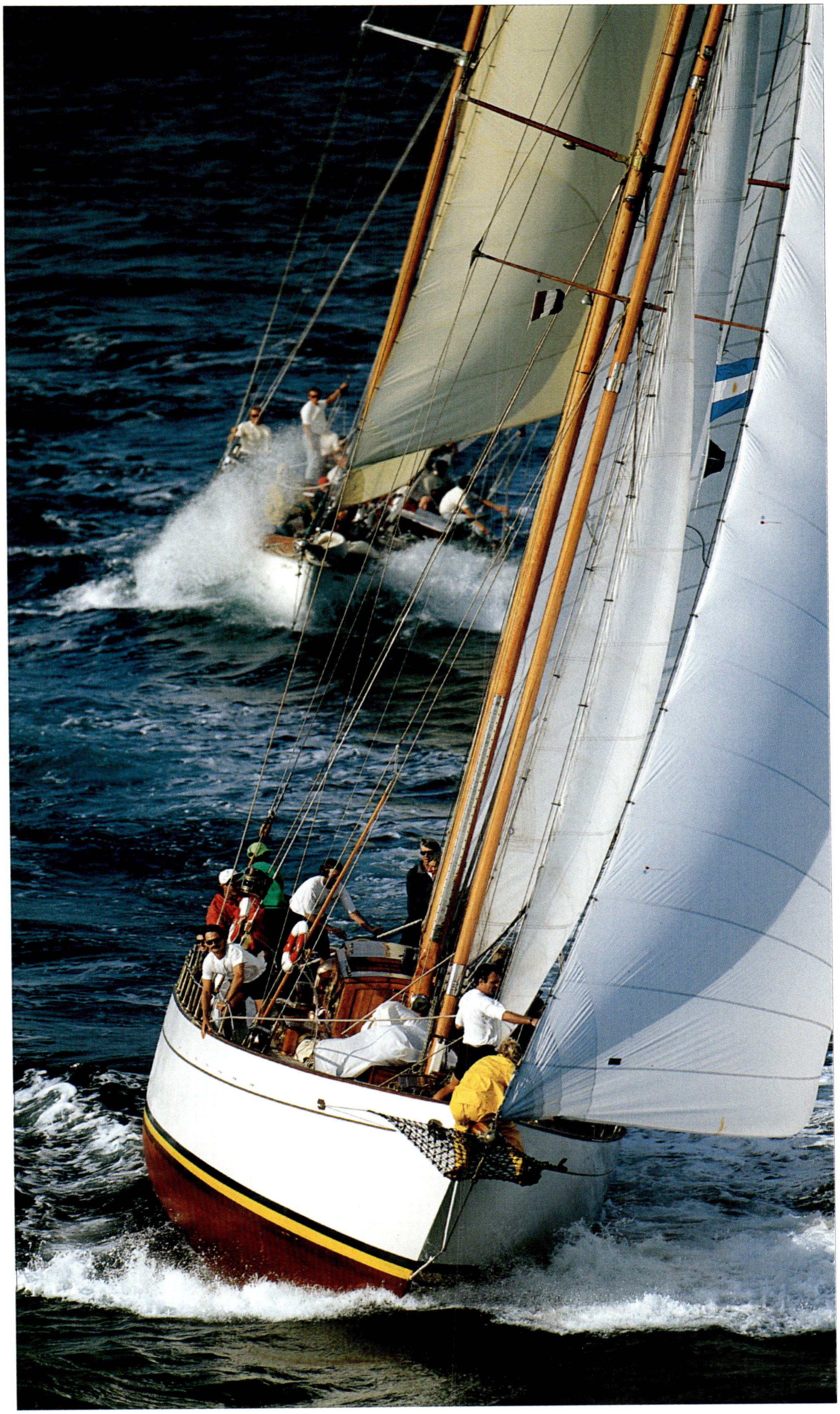

| | |
|---:|:---|
| Rigg | *Gaffelkutter* |
| Länge über alles | *18,82 m* |
| Länge in der Wasserlinie | *11,96 m* |
| Breite | *3,36 m* |
| Tiefgang | *2,44 m* |
| Segelfläche | *217 m²* |
| Segelmacher | *Murphy & Nye, La Spezia* |
| Stapellauf | *1909* |
| Bauwerft | *W. Fife & Sons, Fairlie* |
| Konstrukteur | *W. Fife Jr.* |
| Restauration | *Cantiere La Bussola, Fiumicino / Rom* |

# CINTRA

# CINTRA

CINTRA ist das älteste Schiff der Internationalen 12-Meter-Klasse auf der Welt. Ihr Konstrukteur war William Fife Jr., und auf seiner Werft in Fairlie wurde sie 1909 auch gebaut. Nach der Fertigstellung segelte sie zunächst auf dem Clyde in Schottland, und, wie bei der Qualität des Konstrukteurs zu vermuten war, mit großem Regattaerfolg. Während des Ersten Weltkrieges kam das Schiff nach Südengland, wo es natürlich weiterhin in Regatten an den Start ging. Man nimmt an, daß die Yacht dort durchgehend bis in die fünfziger Jahre blieb. Zuletzt nahm sie noch an der berühmten Regatta um die Isle of Wight teil, bevor sie aus der Regattaszene verschwand.

Es ist Camper & Nicholson zu verdanken, daß CINTRA schließlich wiederentdeckt wurde: ziemlich verlassen und heruntergekommen auf einer Werft an der englischen Ostküste. Nicht nur war der Rumpf sehr überholungsbedürftig, es waren leider auch verschiedene Umbauten vorgenommen worden – ein unpassendes Deckshaus war dazugekommen, das Heck hatte man verändert, und eine große Maschine war installiert worden, um aus dem alten Regattaschiff einen Fahrtensegler zu machen.

Die Restaurierung leiteten die Schiffsarchitekten Giorgetti und Magrini, die Holzarbeiten übernahm die Werft La Bussola in Fiumicino, in der Nähe von Rom. Das Deck wurde in Yellow Pine auf Sperrholz vollständig erneuert. Die Decksbalken sind original aus Ulmenholz und haben die Zeit gut überstanden. Auch das Kielschwein sowie Steven- und Heckhölzer sind aus Ulmenholz. Die Beplankung selbst, Mahagoni, konnte ebenfalls weitgehend gerettet werden.

Der Platz unter Deck ist, wie bei einem Regattaschiff üblich, recht knapp bemessen. Hell lackierte Hölzer und lederbezogene Sitzflächen geben der Einrichtung trotzdem etwas Gediegenes. Die kleinen Segelbilder auf dieser Seite wurden vor St. Tropez aufgenommen. Der Blick von oben auf das Schiff – auf der Seite rechts – zeigt CINTRA 1991 bei der Oldtimer-Regatta in Porto Cervo, unmittelbar nach Beendigung der Restaurierungsarbeiten.

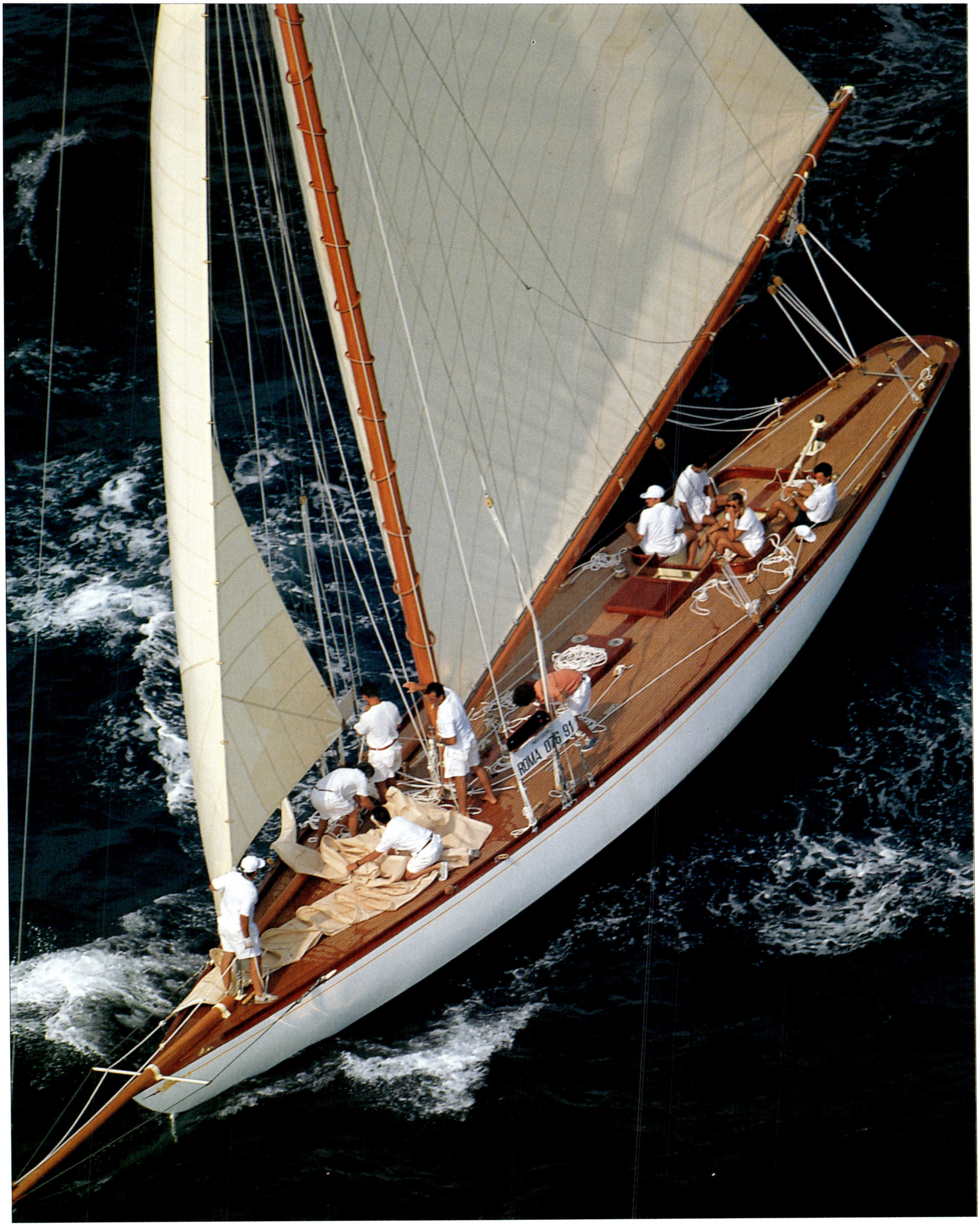
ROMA 076 91

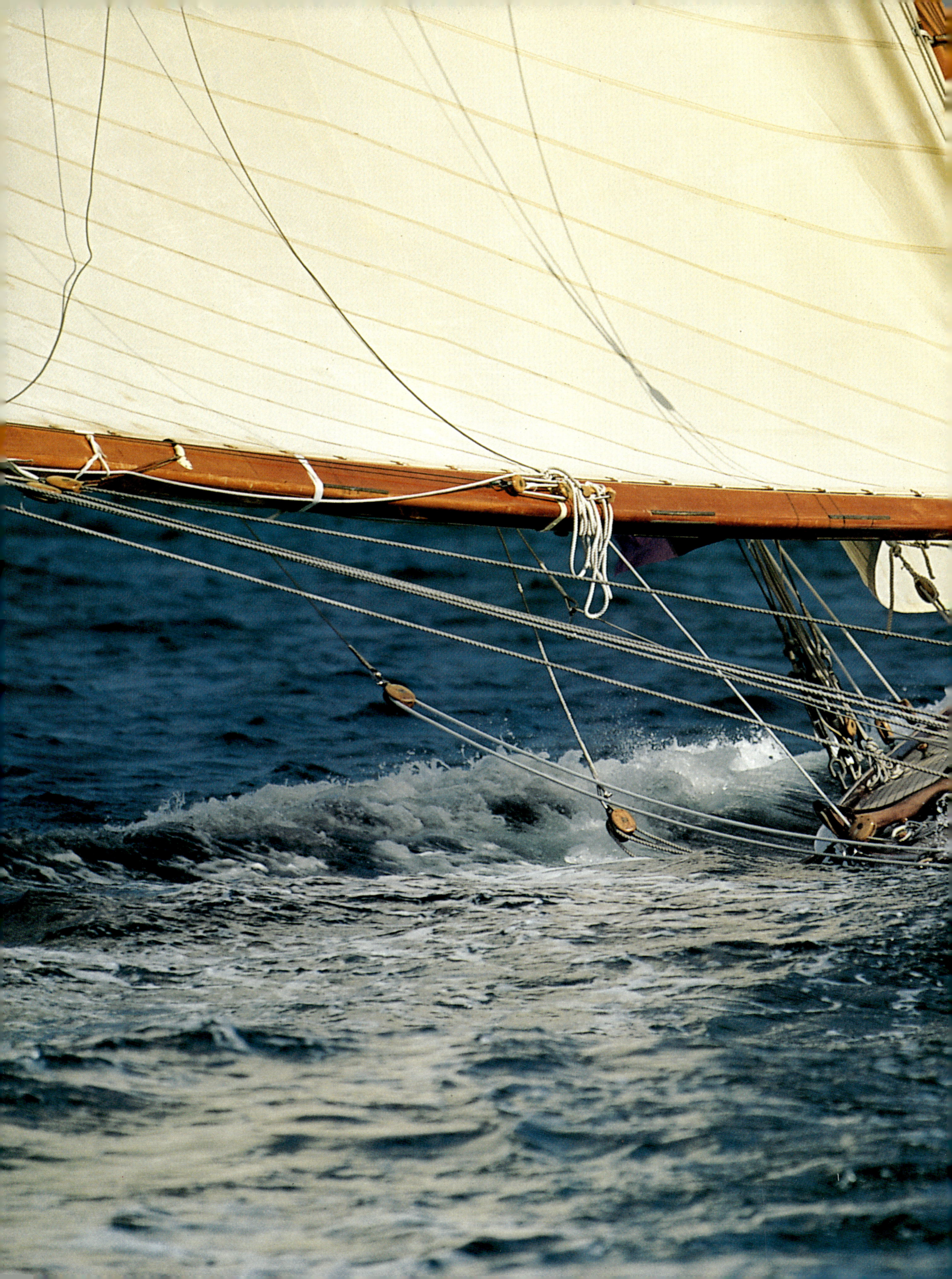

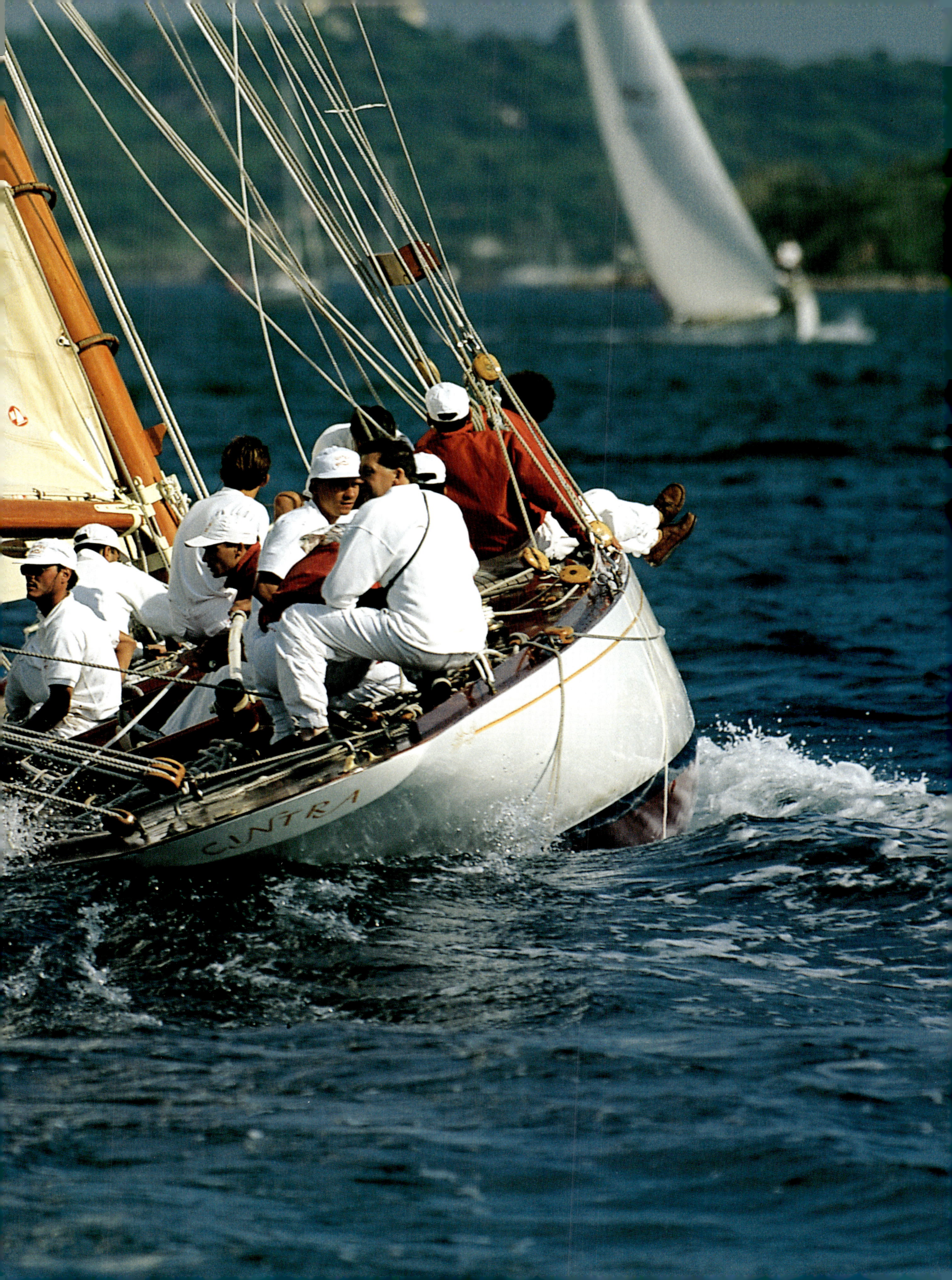
CINTRA

CINTRA

*Während der Nioulargue 1992 entstand dieses Porträt der CINTRA bei frischer Raumschotsbrise, wie auch auf der vorhergehenden Doppelseite zu erkennen. Die Spieren sind aus Douglas Pine und Spruce dem Original nachgearbeitet. Wie das Schiff zwischenzeitlich aussah, läßt sich unter anderem auf Fotos erkennen, die die berühmte Fotografen-Familie Beken of Cowes vor vielen Jahren gemacht und in ihrem Archiv aufbewahrt hat: Da hatte man das Originalrigg von der Schonertakelung in eine Bermudahochtakelung verändert. So segelte CINTRA bis 1956.*
*Die neuen Segel erstellte die Segelmacherei Murphy & Nye in La Spezia, Italien. Welch gute Arbeit geleistet wurde, läßt sich am Detail der Mastringe des Großsegels erkennen – auf dem großen Foto auf dieser Seite.*

*Das kleine Foto oben links gibt einen Gesamtüberblick der Kabine von vorn nach achtern auf den Niedergang zu. Hinter der Treppe verbirgt sich heute ein kleiner Hilfsmotor. Links, zwischen den lederbezogenen Sitzen und dem Niedergang, ist ein Kartentisch.*

*Während der Regatten der Accademia Navale im italienischen Livorno 1993 trafen sich die letzten klassischen 12-Meter-Boote. Bei dieser Gelegenheit stürmte Cintra bei immerhin 25 Knoten Wind – Windstärke 6 – vor der Flotte dahin und schlug die gesamte Konkurrenz. Sie durchsegelte die Ziellinie unter dem Applaus von hunderten von Zuschauern.*

# YACHTREGISTER

Adela  23
Adix  25, 103
Altair  8, 34, 70, 128 ff
Alzavola  120 ff
Astra  103
Australia  87
Avel  31

Belle Aventure  34

Cambria  103
Candida  83, 96 ff, 134
Cintra  152 ff
Clever  126
Creole  26, 62
Croce del Sud  138

Diana  138
Dodoni  55
Dorade  7

Emilia  72 ff
Endeavour  7, 80 ff, 103, 114 f
Enterprise  103
Evelyn  23

Foto  7
Fulmas  45

Grace III  126

Halloween  46, 131
Heartsease  23 ff
Histria  45

Jessica  25

Karenita  88 ff

Lady Anne  45
Lady Maud  38, 42
Lelanta  63
Lelanta II  63
Lelantina  56 ff
Lord Jim  146, 150
Lulworth  30 f

Malabar  70
Mariette  8
Mariquita  45
Moonbeam  104 ff
Charles W. Morgan  19

Niña Luisita  144 ff

Orion  62, 91, 136 ff

Pen Duick  42, 82, 91
Pofi  146
Puritan  64 ff

Rainbow  82, 87, 103
Ranger  87, 103
Resolute  18

Saharet of Tyre  138
Sappho II  55
Scirocco  91
Searling  70
Shamrock  83, 103, 114
Silvana  138
Skagerrak  43
Stella Polare  138
Sylvia  25 f

Thendara  35
Ticonderoga  34
Tirrenia II  48 ff
Tuiga  45

Vagrant  8
Velsheda  103, 112 ff
Ville de Paris  83
Vira  138
Vistona  8

Water Bird  43

Zaca  91